Attila Bencsik

Zu den inneren Orten der Kraft

HERDER spektrum

Band 5505

Das Buch

In diesem Buch vermittelt der Autor eine faszinierende Entdeckung: Orte der Kraft gibt es auch im Inneren jedes Menschen. Jeder kann solche kraftspendenden, die Seele zentrierenden Orte in sich entdecken. Der Autor läßt den Leser die Kraft des Wassers und den Glanz der Sonne spüren, die Kraft der Erde und des Himmels erleben. Der Leser durchstreift in seiner Imagination dunkle Wälder oder ruht auf sonnenbeschienenen Wiesen. Daß beim imaginativen Aufsuchen dieser inneren Kraftorte tatsächlich beachtliche Energiereserven mobilisiert werden ist real - und sogar auf medizinischen Meßgeräten nachweisbar. Jeder kann mit Hilfe dieses Buches die inneren Orte seiner Kraft finden und die eigenen Energiereserven finden, erweitern und vertiefen.

Der Autor

Attila Bencsik, Psychotherapeut in Köln, gilt als einer der wichtigsten Vertreter des aktiven Imaginierens und der therapeutischen Phantasiereise.

Bei Herder: *„Wellness kommt von innen. Selbstheilung durch die Kraft der Phantasie"* (1999)

Attila Bencsik

Zu den inneren Orten der Kraft

Energiequellen erschließen

Herder

Freiburg · Basel · Wien

Für Anne

Gedruckt auf umweltfreundlichem,
chlorfrei gebleichtem Papier

Originalausgabe

Alle Rechte vorbehalten - Printed in Germany
© Verlag Herder Freiburg im Breisgau 2000
Satz: Rudolf Kempf, Emmendingen
Herstellung: Freiburger Graphische Betriebe 2000
Umschlaggestaltung und Konzeption:
R·M·E, München / Roland Eschlbeck, Liana Tuchel
Umschlagmotiv: © Tony Stone Bilderwelten
ISBN 3-451-05505-8

Inhalt

Teil I:
Energiefresser und Energiequellen

Energiefresser

Für die Gestaltung eines aktiven Lebens brauchen wir Menschen Energie. Viele glauben, sie haben zu wenig davon. Sie geben an, zu viel leisten zu müssen und schon jetzt vollkommen ausgelastet und gestreßt zu sein. Dabei verfügen wir eigentlich über unglaublich viel Energie. Wieviel Kraft ein Mensch in sich finden kann, zeigt sich vor allem immer dann, wenn er in seinem Leben etwas findet, wofür es sich lohnt, Einsatz zu zeigen, zu kämpfen. Wollen wir unbedingt etwas erreichen, können wir ungeahnte Kräfte entwickeln.

Es gibt aber auch Lebensabschnitte, wo wir unsere Energien in vielfacher Hinsicht verschenken und verschleudern. Wir bekümmern uns oft um Dinge, die wir, bei Licht betrachtet, nicht mehr verändern können, auf die wir gar keine Einwirkungsmöglichkeiten haben. Geradezu hingebungsvoll können wir uns mit Vergangenheit und Zukunft beschäftigen und verlieren darüber leicht unsere Gegenwart aus den Augen. Wir verschenken Kräfte, indem wir grübeln, vergangenen Erlebnissen nachtrauern, eine pessimistische Weltsicht entwickeln. Frustrierende und aussichtslose Vorhaben nehmen uns weitere Energien.

Darüber hinaus gibt es noch weitere Kraftfresser in unserem Leben. Wir nehmen uns etwas vor, setzen es aber letztlich nicht um. Schuldgefühle stellen sich ein. Wir umgeben uns mit Menschen, die bei uns ihre Sorgenpakete abladen. Oft haben wir nicht den Mut, ihnen gelegentlich ein klares, deutliches „Nein" zu sagen und uns vor ihnen – zumindest zeitweise – zu schützen.

Bei jedem von uns fließt ständig Energie ab: durch Arbeit, Familie, Sorgen. Die traditionelle Rolle des Mannes in unserer Gesellschaft ist immer noch Arbeit und Versorgung der Familie.

Aufgrund der zunehmenden beruflichen Möglichkeiten wächst der Druck aber auch auf Frauen, beruflich erfolgreich zu sein. Gerade bei ihnen werden Fehler als Schwäche ausgelegt. Hinzu kommen Mehrfachbelastungen wie Kindererziehung, Haushalt und Pflege von Angehörigen.

Bei immer mehr Menschen stellt sich ein Gefühl der Erschöpfung ein. Für viele ist ein solcher Streßzustand bereits zur Normalität geworden. Hinzu kommt sowohl im beruflichen als auch im privaten Umfeld der Mangel an Bestätigung und Anerkennung durch andere. Dabei sind Anerkennung und positive Rückmeldung geradezu das „Schmiermittel" für hohe Leistungsmotivation und berufliche Zufriedenheit. Viele wissen das, wenige tun es. Fortwährend negativ besetzte Kritik dagegen kann entweder zu perfektionistischen Ansprüchen oder aber zu einer Leistungsverweigerung, einem „Dienst nach Vorschrift" führen. Frustration und erlebte Sinnlosigkeit des Lebens können die Folge sein. Ängste, körperliche Verspannungen und nicht selten depressive Verstimmungen können folgen. Alle diese „Energiefresser" zusammengenommen, wobei ich nur einige wenige davon aufgezählt habe, können letztlich zu einem sogenannten „Burn-out-Syndrom" mit allen daraus erwachsenden persönlichen und gesellschaftlichen Auswirkungen führen: Rückzug in die Isolation, Zynismus, Krankheit und Schmerzen.

Stellen Sie sich ein Energiefaß vor: Wenn aus dem Faß beständig Energie abgezapft wird und dauerhaft keine neue nachgefüllt wird, ist auch das größte und dickste Faß irgendwann einmal leer.

Dabei müßte unser Faß „Leben" eigentlich keines ohne Boden sein. Wir alle verfügen um uns und in uns eigentlich über genügend Kräfte.

Energiequellen

Natürlich wird jeder Mensch in seinem Leben irgendwann einmal Krisen durchleben müssen. Das gehört zum Menschsein dazu, entweder als Anteil einer natürlichen Entwicklung (Pubertät,

Wechseljahre, Midlife Krise) oder bedingt durch überraschende Ereignisse (Kündigung, Unfall, Tod eines geliebten Menschen). Solche zunächst negativ bewerteten Veränderungen bergen jedoch auch Chancen in sich. Diese sieht man aber zumeist erst später, wenn man sich aus der Umklammerung einer Krise schon befreit hat.

Dabei wissen wir insgeheim, daß alles, was erhalten werden soll, auch zur Veränderung bereit sein muß. Was nicht mehr umgestaltet werden kann, droht in einem sich stets verändernden Umfeld auszusterben. So muß sich jeder von uns stets verändern, um zu überleben. Das erfordert letzten Endes stetige Anpassung.

Leben und Lernen brauchen aber auch Freiräume. Über diese Freiräume verfügt sicherlich nicht jeder Mensch in gewünschtem Ausmaß. Geld und Güter machen nicht unbedingt glücklicher, jedoch unabhängiger. Dennoch kann sich nahezu jeder – trotz aller äußeren Zwänge und Notwendigkeiten – in gewissen Ausmaß sehr wohl Freiräume erwerben. Ich meine hiermit die Lebensressourcen, über die eigentlich jeder Mensch verfügt, auch wenn er sie zur Zeit vielleicht kaum benennen kann. Man kann diese Ressourcen in ein „Sein", und das „Haben" einteilen. Das Sein würde alle Fähigkeiten und Fertigkeiten bedeuten, die wir ausbildeten, das „Haben" alle Besitztümer, die wir erwarben.

In jedem Leben finden sich viele Kraftquellen, die unser Leben wieder in Fluß bringen können. Nur liegen diese nicht immer offen zu Tage, sondern fließen eher verhalten unter unserer Bewußtseinsschwelle. Dennoch wissen wir insgeheim, daß sie da sind und im Grunde zu uns gehören.

Gelassenheit kann eine solch kraftvolle Haltung zum Leben sein, eine seiner Quellen und Grundströmungen. Gelassenheit bedeutet auch, hin und wieder einen liebevollen Blick auf uns selbst und unsere Umgebung zu werfen, gelegentlich uns selber und anderen zuzulächeln. Sie bekümmert sich um Liebe, um ein „Ja" zu sich selbst, um ein „Ja" zum anderen, zur Schöpfung, zum Leben. Auch ein volles, tiefes Lachen kann Einvernehmen mit sich selber und dem Leben bedeuten. Doch auch mit Weinen kann etwas Neues geschehen: wie Fruchtwasser unserer Seele kann es wirken.

Zuhören und Anteilnehmen sind weitere zutiefst menschliche Eigenschaften und gleichzeitig weitere bedeutende Energiequellen. Sie helfen dem Menschen, der von sich berichtet, sein Inneres tiefer zu erkunden. Ein aufmerksamer Zuhörer wird das Gesagte, wenn es ihn denn berührt, als kraftvolles Echo in seiner Seele wahrnehmen können. Wie ein Sauerstoffzelt kann ein vertrautes Gespräch auf Körper, Geist und Seele wirken.

Manchmal können wir Glück ganz deutlich in uns spüren. Das sind dann Schatzsekunden. Denn Glück ist in uns, eigentlich schon immer, von Anfang an. Die Art unserer Betrachtung der Welt, unsere Art von Seelenarbeit trübt es jedoch immer wieder ein. Letztlich wissen wir aber, daß ein Quellwasser immer rein bleibt, auch wenn es später verunreinigt werden sollte. Die Quelle wird allerdings nicht sauberer, indem man in ihr rührt, sondern indem man sie sich selber überläßt.

Nehmen wir ein Bild für Seele, das eines Orchesters: Unsere Seele ist die Orchesterpartitur. Sie bestimmt die Tonarten, gibt den Rhythmus vor, entscheidet, ob in Dur oder in Moll gespielt wird. Sie schlägt die Takte und gibt den Einsatz. Das Stück, das sie spielt, ist mehr oder weniger unsere Lebensmelodie. Dennoch wird die Seele von uns mitunter behandelt wie Ware zweiter Wahl. Viele Menschen stopfen sie einfach zu mit Beifall und Besitz.

Die kleine, zarte Pflanze „Seelenfrieden" in unserem Lebensgarten zu hegen und zu pflegen, sie aufwachsen und blühen zu sehen, ist ein ganz tiefer Wunsch in uns allen. Wenn alles um uns herum wächst und blüht, können wir unseren Lebensgarten abschreiten und uns daran freuen. Müssen wir damit bis zum hohen Alter warten? Ich meine: nein.

Kunst und Kultur für unseren Geist ist preiswert zu haben. Welcher Mensch eines anderen Zeitalters besaß die Möglichkeit, Literatur aller Völker, Musik, Bilder, Skulpturen aller Zeiten zu sammeln und jederzeit in seinem Hause verfügbar zu haben? Natürlich nicht immer die Originale, aber immerhin Konserven und Vervielfältigungen, ein weiteres Schatzfeld.

Unseren Körper zu versorgen, zu pflegen und zu trainieren dürfte heutzutage ebenfalls nicht schwer fallen. Über ausreichend Nahrungsmittel verfügen die allermeisten von uns. Für Abwechslung bei Essen und Trinken ist ebenfalls gut gesorgt. Lebensmittel aus der ganzen Welt werden in unseren Kaufhäusern angeboten. Im Grunde mangelt es uns materiell an kaum etwas, sind unsere Ansprüche diesbezüglich nicht allzu hoch. Wir können unseren Körper und unsere Haut mit allen nur denkbaren Sportarten, Fitneßgeräten, Lotions und Cremes straffen, jung und gesund erhalten.

Was also fehlt uns wirklich?

Ich meine, es ist vor allem die erlebte Einheit von Körper, Seele und Geist, die uns abhanden gekommen ist. Diese Einheit ist in der menschlichen Vergangenheit eigentlich kaum in Frage gestellt worden. Es ist mir keine ältere Kultur bekannt, in der sie kategorisch verneint wurde.

Ein guter Weg, diese Einheit teilweise wiederzuerlangen, kann darin bestehen, neue Lebensressourcen zu erschließen, indem wir von den Traditionen und Weisheiten vergangener Kulturen und Religionen lernen. Sie werden sehen: Vieles davon paßt auch durchaus noch zu dem Menschen des einundzwanzigsten Jahrhunderts, ist nach wie vor gültig und modern.

Deshalb möchte ich Sie in Teil III dieses Buches: *„Äußere Orte der Kraft"* zu ausgewählten Orten in der Natur und zu Bauwerken begleiten, die man als „Orte der Kraft" bezeichnete und auch heute noch so nennt. Diese können sie später in Teil V: *„Energiequellen erschließen"* in Ihrer Phantasie aufsuchen und in einem weiteren Schritt zu Ihrem ganz persönlichen „inneren Kraftort" werden lassen. Um es so weit kommen zu lassen, lade ich Sie später zu einer Reise ein.

Um Sie auf diese Reise einzustimmen und vorzubereiten, zeige ich Ihnen zunächst verschiedene Wege, die Sie nach innen führen.

Teil II:
Wege nach innen

Bereits im vorausgegangenen Kapitel habe ich erwähnt, daß das Interesse der meisten Menschen unserer Kultur im wesentlichen auf die Außenwelt ausgerichtet ist. Daß es auch eine Innenwelt gibt, nehmen vergleichsweise nur wenig Menschen zur Kenntnis. Reisen in die Phantasie sind solche Wege in die Innenwelt. Sie bauen innere Landschaften auf und erforschen sie. Weitere Möglichkeiten, sich mit den Landschaften unserer Seele auseinanderzusetzen, sind zum Beispiel verschiedene Meditationsformen. Auch Träume, Mythen und Geschichten führen uns seit ewigen Zeiten rasch und zuverlässig in bewußtseinsfördernde Trancezustände, die einen kreativen Zugang zu innerseelischen Prozessen sowie eine aktive Lernhaltung ermöglichen. Heutzutage wissen nur wenige Menschen, daß sie sich bei einer als sinnvoll und beglückend erlebten Tätigkeit wahrscheinlich in einer Trance, zumindest in einem tranceähnlichen Zustand befinden. In einem solchen Stadium vergeht die Zeit wie im Flug. Viele meinen, eine Trance sei gefährlich, da man sich in ihr nicht kontrollieren könne. Dabei ist genau das Gegenteil der Fall: Niemals sind wir konzentrierter. Eine Trance führt uns tiefer zu uns selber, läßt uns erleben, was Seele mit uns machen kann. Eine tief erlebte Trance verwandelt uns, ohne daß wir dies überhaupt wahrnehmen. Genau das ist ja ihre Kunst, nicht wahrgenommen zu werden. Die meisten Kunstwerke und Erfindungen sind in solchen Zuständen entstanden. Ein tiefer Trancezustand ist Lebensenergie pur.

Unsere Lust auf Geschichten, Märchen und Sagen stammt ebenfalls aus der Neugier, mitzubekommen, wie andere Menschen verwandelt werden. Mythen erzählen uns von nicht endenwollenden Verwandlungsgeschichten.

Das gleiche trifft auch für unsere Träume zu. Träume gehören zu den ganz großen Verwandlungskünstlern und Kraftreserven, über die wir verfügen.

Auf alle diese verschiedenen Möglichkeiten einer Reise zu den inneren Orten der Kraft werde ich in den nächsten Abschnitten ausführlicher eingehen.

Zunächst aber möchte ich Ihnen die – meines Erachtens – wichtigste innere Ressource, die uns eigentlich immer und überall zur Verfügung steht, näher vorstellen, nämlich:

Die Phantasie, das Kraftwerk der Seele

Sie kommt ganz tief uns aus heraus und ist echt. Phantasien sagen nie die Unwahrheit. Ein inneres Bild spricht zu uns und oder eben nicht. Wo wir echt sind, werden auch die Dinge um uns herum echt. Waren wir in unserer Kindheit im Grunde nicht alle echt, bevor wir sie mit zunehmenden Alter immer stärker aus den Augen verloren? Dabei wissen wir im Grunde, daß das Echte und Unmittelbare in uns jederzeit wieder hervorkommen kann. Ganz verloren ist es nie.

Innere Bilder sind älter als Worte. Damit ist folgendes gemeint: Bevor sich in der Menschheit Sprache entwickeln konnte, besaß sie längst Bilder von der Welt, der Schöpfung, der Natur, ihrer eigenen Geschichte, von Vergangenheit und Zukunft. Individualistisch betrachtet bedeutet das auch, daß ein Baby noch über keine Worte verfügt, wohl aber, so jung es auch ist, über innere Bilder, in denen es träumt und „denkt". Von entwicklungsgeschichtlich hoch stehenden Tieren ist dies ebenfalls zu vermuten. Innere Bilder sind also die ältesten und am tiefsten verankerten Informationen, über die wir verfügen. Bilder sind eine Universalsprache. Auch unsere Seele drückt sich in ihnen aus. Wir könnten uns Menschen, die vor zehntausend Jahren gelebt haben, wohl nur durch sie mitteilen. Die Wortsprache hätte sich zu sehr verändert, um sich verständigen zu können, auch wenn die Begegnung geographisch und kulturell im gleichen Raum stattfinden würde. Nicht umsonst sprechen ja die uralten Felsmalereien in Höhlen und Grotten der verschiedensten Zeiten und Kulturen in Bildern und nicht in Worten zu uns. Die Bildersprache ist eine unmittelbar verständliche Sprache. Jeder Mensch versteht sie und bedient sich ihrer.

Von Napoleon stammt der Ausspruch: „Die Vorstellung regiert die Welt." Die menschliche Vorstellungskraft ist ein Geschenk von unschätzbarem Wert. Dabei sind unsere inneren Bilder ständige Begleiter unseres Lebens. In der Alltagssprache hat sich dafür der Begriff „Phantasie" durchgesetzt. Dieses Wort entstammt der griechischen Sprache und heißt: „Lichterscheinung". Mitunter wird für die Phantasie des Menschen auch der Begriff „Visualisierung" verwendet. Obwohl der Begriff vom lateinischen „videre" (sehen) abgeleitet ist, werden unter diesem Ausdruck alle Formen der bewußt erstellten Vorstellung zusammengefaßt.

Was wir uns nicht vorstellen können, können wir erst recht nicht in der Realität manifestieren. Phantasien können einen tiefgreifenden Lernprozeß einleiten, weil sie unsere Aufmerksamkeit „nach innen" lenken. Erleben wir sie „tief" genug, werden sie von entsprechenden Gefühlen begleitet.

Gedanken, Gefühle, Verhalten, eigentlich alles basiert auf unseren inneren Bildern. Wir ersetzen durch sie jedoch unsere Welt nicht, sondern erschaffen uns eine eigene.

In inneren Bildern kann man viel mehr auf einmal schauen, als man durch Worte aufnehmen kann. Seelenzustände und Erinnerungen, die als verloren galten, werden plötzlich im Bild sichtbar. Durch sie kann man die Fähigkeit erwerben, Bilder zu formen, auch wenn keine Sinnesgegenstände vorhanden sind. Statt des äußeren Gegenstandes tritt dann etwas anderes an ihre Stelle: dies ist die *Imagination*. Sie kann so lebhaft und wahr erlebt werden wie die Abbilder unserer Sinne. Im Gegensatz zu diesen bildet sie jedoch nicht die materielle, sondern die seelische Welt ab. In der imaginären Welt spricht zum Menschen alles so, wie wenn es unmittelbar intelligent wäre (*Krucker*, 1993). In der Imagination nehmen die eigenen Gefühle, Vorstellungen und Leidenschaften Gestalt, Farbe, Ton, Geschmack und Geruch an.

In Imaginationen malt sich die innere Struktur der Psyche ab. Sie werden von uns als konkrete, quasi reale, lebendige Bilder

16

erlebt. Von großer Wichtigkeit ist es, daß sich das „Ich" als vollständige Person auf der Bildebene erlebt und daß alle Figuren autonom handeln.

Imagination und Phantasie sind also nicht das gleiche. In einer Phantasiegeschichte kann der Ablauf vom Ich manipuliert werden, das imaginierte Geschehen dagegen ist immer autonom, echt und wahr. Alles, was sich in der Imagination zeigt, ist wirklich und gehört zur Welt des Menschen. Konkrete, optische und akustische sinnliche Erfahrungen, exakte Farb- und taktile Wahrnehmungen verweisen auf Imaginationen. Inhaltlich können sie mitunter wie Träume wirken.

Durch das Schließen der Augenlider nehmen wir die äußere Welt nur reduziert wahr; umso deutlicher und konkreter erfahren wir dafür unsere inneren Zustände.

Die wesentlichsten Unterschiede zwischen Phantasie und Imagination werde ich Ihnen jetzt – durch praktische Beispiele – noch deutlicher werden lassen.

Als Landschaftsbild schlage ich Ihnen dafür eine Wiese vor, da Wiesen von den meisten Menschen mit einem positiven, angenehmen Aufforderungscharakter verbunden sind.

Zuvor möchte ich Ihnen jedoch noch einige Anmerkungen zu den Texten der Phantasiereisen geben. Diese sind bedeutungsgleich mit Traumreisen, Seelenreisen sowie Phantasie- und Visualisierungsübungen.

Sie werden bemerken, daß die einzelnen Übungen oder Reisen von den anderen Texten durch einen Rahmen abgehoben sind. Dies möchte Ihnen verdeutlichen, daß Sie die Texte der Traum- oder Phantasiereisen anders lesen und erarbeiten möchten als die theoretischen Abschnitte dieses Buches. Wie dies geschehen möge, werde ich Ihnen etwas später noch erklären.

Die sprachliche Gestaltung der Phantasiereisen ist eine andere, als Sie es vermutlich gewohnt sind. Ihre Sprache verfügt über einen eigenen Rhythmus und folgt weniger einer rationalen Alltagslogik, sondern eher einer Psychologik, der „Seelensprache" des Traums, der Phantasie. Wenn Sie gerne Märchen, Mythen und Sagen lesen, werden Sie diese Sprache dort wiederfinden.

Bestimmte Ausdrücke werden Sie häufiger antreffen, zum Beispiel die Worte „und", „bitte", vielleicht". Hinter „und" schließt sich in der Regel ein neuer Gedanke an; das Wort „bitte" soll Ausdruck für eine bestimmte Haltung sein, nämlich die des Gewährens und des Sich-erlauben-Könnens; das Wort „vielleicht" läßt Ihnen einfach alle Möglichkeiten offen.

Die Punkte „..." zwischen den Wörtern stehen für eine kleine Pause.

Phantasieübung: Wiese

Stellen Sie sich eine

● **Wiese**

vor.

Schauen Sie nun bitte die Wiese an ... und ... stellen Sie sich dabei folgende Fragen:

● Welche Farbe hat ihr Gras?
● Wie hoch ist es?
● Was befindet sich sonst noch auf der Wiese?
● Wie lang erstreckt sie sich?
● Welche Jahreszeit ist es und welche Tageszeit?
● Schauen Sie sich die Wiese noch eine kleine Weile an, und fragen Sie sich, wie Sie sich fühlen?

Lösen Sie sich nun bitte von Ihren inneren Bildern ... und ... kommen mit Ihrer Aufmerksamkeit wieder in diesen Raum zurück.

Imaginationsübunng: Wiese

Stellen sie sich bitte vor . . . Sie befinden sich mit Ihrer ganzen Gestalt auf einer

- **Wiese.**

Stellen Sie dabei bitte folgende Fragen:

- Spüren Sie den Boden unter Ihren Füßen?
- Wenn ja, wie fühlt er sich an?
- Können Sie Naturgeräusche wahrnehmen?
- Können Sie etwas Bestimmtes riechen?
- Können Sie die Luft schmecken?
- Spüren Sie leichten Wind an Ihrer Haut?
- Wenn Sie sich bücken und das Gras mit den Händen berühren: Können Sie es spüren?
- Welche Jahreszeit und Tageszeit mag es wohl sein?
- In welchem Alter fühlen Sie sich?
- Wenn Sie an sich herunterschauen, können Sie die Kleidung sehen, die Sie tragen?
- Wie fühlen Sie sich auf dieser Wiese?

Bitte lösen Sie sich nun von Ihren inneren Bildern . . . und . . . kommen Sie mit Ihrer Aufmerksamkeit wieder in diesen Raum zurück.

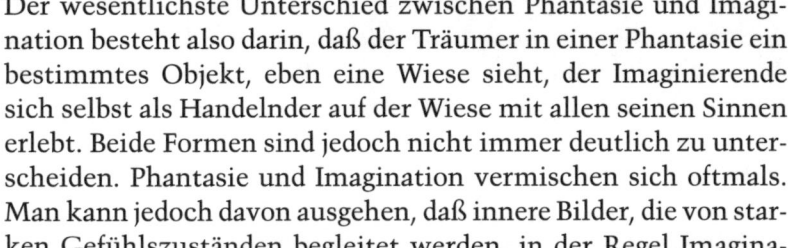

Der wesentlichste Unterschied zwischen Phantasie und Imagination besteht also darin, daß der Träumer in einer Phantasie ein bestimmtes Objekt, eben eine Wiese sieht, der Imaginierende sich selbst als Handelnder auf der Wiese mit allen seinen Sinnen erlebt. Beide Formen sind jedoch nicht immer deutlich zu unterscheiden. Phantasie und Imagination vermischen sich oftmals. Man kann jedoch davon ausgehen, daß innere Bilder, die von starken Gefühlszuständen begleitet werden, in der Regel Imaginationen sind.

Eine weitere Spielart besteht darin, sich mit inneren Bildern zu identifizieren.

Identifikations-Imaginationen

Die Kunst dabei besteht darin, sich in andere Menschen, aber auch in Situationen und Orte einzufühlen. Dies gelingt, indem man sich mit dem Objekt der Betrachtung gleichsetzt. Dabei sieht man beispielsweise nicht nur einen Berg, man „ist" der Berg, man hört nicht nur das Rauschen eines Baches, sondern man „wird" zum Bach. So können „Körper, Seele und Geist" einer Landschaft mit dem Körper, der Seele und dem Geist des Menschen miteinander kommunizieren, da angenommen wurde, daß sie miteinander verwandt und verbunden sind.

Das bedeutet, wenn Sie Ihre Erlebnisse *sind*, sind Sie gleichzeitig die Welt, die so erlebt wird. Sie haben nicht einen Sinneseindruck von einem Adler, Sie sind der Sinneseindruck von einem Adler. Sie haben nicht den Eindruck von einem Baum, sie sind der Eindruck von einem Baum. Sie hören nicht das Geräusch eines Donners, Sie sind das Geräusch des Donners.

Die innere Empfindung (das „Ich") und die äußere Empfindung (die Welt) sind dabei ein und dieselbe Empfindung. Das innere Subjekt und das äußere Objekt sind zwei Beziehungen für ein Gefühl.

Auch hierfür möchte ich Ihnen zur Verdeutlichung ein Beispiel geben:

Identifikationsübung: Wiese

Bitte gehen Sie nun noch einen Schritt weiter . . . und . . . stellen Sie sich vor . . . Ihr ganzer Körper . . . Ihre Seele . . . und . . . Ihr Geist, alles das . . . was Sie ausmacht . . . ist eine

● **Wiese.**

Gehen Sie nun auf Ihrer inneren Wiese spazieren . . . und . . . lassen Sie einfach alles so geschehen . . . wie es kommt . . . lassen Sie Bilder . . . ganz nach Ihrer Art . . . in sich aufsteigen . . .

Wenn Sie meinen . . . für dieses Mal ist es genug . . . dann . . . lösen Sie sich bitte wieder von den inneren Bildern . . . und . . . kommen mit Ihrer Aufmerksamkeit wieder in diesen Raum zurück.

Die nachfolgenden Phantasiereisen, die Sie im Praxisteil dieses Buches vorfinden werden, sind eine Mischung aus Phantasie, Imagination und Identifikation. Sie haben gerade eben ja schon erste Erfahrungen mit dem Reisen in der Phantasie gemacht. Nun folgen jedoch noch einige Anmerkungen zum Thema:

Phantasiereisen

Phantasiereisen ähneln der Oberstufe des Autogenen Trainings. Man kann sie auch als gelenkte, geführte oder begleitete Wachträume bezeichnen. Während der Durchführung einer Phantasiereise sehen Sie vor Ihrem inneren Auge eine bestimmte Situation, eine Geschichte ablaufen, die Sie sich selbst erzählen, die Ihnen jemand berichtet, oder durch einen Text, den Sie in der Phantasie nacherleben. Das ist hier der Fall.

Es handelt sich bei einer Phantasiereise tatsächlich um eine „Reise", auch wenn sie bei sich zu Hause im Sessel sitzen sollten. Was immer Ihnen auch begegnet, was immer Sie erleben: Es gehört Ihnen, ganz allein Ihnen. Die inneren Bilder, die Sie erleben, sagen etwas über Sie aus, auch, wenn der Text nicht von Ihnen stammt. Sie können mit den Bildern und Erlebnissen viel über Ihre Wünsche, Sehnsüchte, Schwierigkeiten, Mangelerlebnisse, Konflikte und Lebensziele erfahren.

Ziel einer Phantasiereise ist es, in einer entspannten Haltung innere Bilder und damit Gefühle entstehen zu lassen. Dabei liegen oder sitzen Sie und lassen in diesem Fall die Geschichte, die Sie gelesen haben, vorüberziehen. Auf diese Weise können Sie eher Zugang zu Ihrem Unbewußten erhalten als im Wachzustand. Vor allem werden die Bereiche in ihrem Gehirn aktiviert, die für Kreativität und bildhaftes Denken zuständig sind. Darüber hinaus ermöglichen sie eine Konzentration auf innere Vorgänge und betonen dadurch die Ganzheitlichkeit von Körper, Geist und Seele. Selbsterfahrung, Selbstfindung und Konfliktlösung werden dadurch gefördert. Unbewußte Anteile werden deutlicher erlebt; das eigene „Ich" kann tiefer erfahren werden.

Nicht immer werden Sie die inneren Bilder erleben, die eine Phantasiereise vorsieht. Versuchen Sie bitte nicht, zwanghaft das zu sehen, was ich Ihnen in den Texten vorgebe. Lassen Sie sich einfach auf die Bilder ein, die aus Ihrem Unbewußten „hochsteigen", und genießen Sie Ihre ganz persönliche Reise. Sehen Sie den Text einer Phantasiereise bitte immer nur als ein Angebot. Auch wenn sie zunächst gar nichts sehen können, ist das nicht tragisch. Folgen Sie einfach der Geschichte und entspannen Sie sich. Lassen Sie sich auf etwas Neues, vielleicht Unbekanntes ein. Sie benötigen dabei Neugier und vielleicht auch ein wenig Mut.

Am besten legen Sie sich für eine Phantasiereise bequem auf den Rücken. Dafür brauchen Sie eine Matte oder eine weiche Decke als Unterlage. Sie können die Reise aber auch sitzend durchführen. Dafür setzen Sie sich bequem in einen Sessel, beide Beine auf dem Boden, und Ihre Arme liegen entspannt auf den Oberschenkeln.

Ich möchte Ihnen nun noch einige Vorschläge und Hinweise zum Umgang mit den Texten der Phantasiereisen im Praxisteil dieses Buches geben.

Sie können sich die Texte der Phantasiereisen und Meditationsübungen im zweiten Teil dieses Buches auf ganz unterschiedliche Weise erarbeiten.

Es ist möglich, den jeweiligen Text zunächst in aller Ruhe durchzulesen, dann – in bequemer Haltung und angenehmer Umgebung – die Augen zu schließen und sich innere Bilder dazu einfallen zu lassen. Verstehen Sie den jeweiligen Text bitte als Rahmenhandlung, als meine Arbeit, die Ausgestaltung der inneren Bilder jedoch soll ganz allein Ihre Leistung, ihre Seelenarbeit, sein. Anschließend können Sie tief erlebte Bilder aufschreiben, zu einer Geschichte verknüpfen, sie töpfern, zeichnen, malen oder auch tanzen.

Weiterhin können Sie sich die Phantasiereisen vorlesen lassen oder – mit eigener Stimme – auf ein Band sprechen und später abhören. Wie Sie es auch tun: Es ist immer gut so.

Falls Sie andere innere Bilder erleben sollten als diejenigen, die in den Texten vorgesehen sind, ist das in Ordnung. Es geht ja um Ihre Phantasie und nicht um meine. Meine Vorschläge sollen nur Anregungen sein, ihre Bildwelt „in Fluß bringen", einen bestimmten Rahmen vorgeben, den Sie eigenständig ausfüllen können. Wichtig ist allerdings, daß Sie einer Phantasiereise immer einen guten Abschluß geben sollten, also mit möglichst angenehmen Gefühlen wieder in ihre Alltagswelt zurückkehren.

Bitte nehmen sie Abstand von den Phantasiereisen, wenn sie sich gegenwärtig in einer übergreifenden seelischen Konfliktsituation befinden und psychotherapeutisch *nicht* begleitet werden sollten. Auch bei einer vorliegenden psychischen Erkrankung kann ich Ihnen keinesfalls dazu raten, den fünften Teil dieses Buches durchzuarbeiten.

Bevor ich Sie gleich zu den „Inneren Orten der Kraft" begleiten werde, noch eine letzte Vorbemerkung:

Innere Türen und Fenster

Türen, Tore, Pforten und Fenster sind Verbindungen und Schwellen von außen nach innen und von innen nach außen.

In übertragener Bedeutung sind unsere Sinnesorgane die Türen, Tore und Fenster zu der Welt, die uns umgibt. Wer neugierig und lebendig ist, wird in seinem Innenleben lieber Durchzug ertragen wollen als stickige Luft. Wer mit Leben und Liebe abgeschlossen hat, wird wohl eher die Schlösser von innen verriegeln und sich auf diese Art und Weise vieles vom Leibe halten wollen. In realer Bedeutung sind Tor, Türen und – eingeschränkt – auch Fenster, die Mittler zwischen Haus und Weg. Wir müssen eine Schwelle überschreiten, um hinein oder hinaus zu gelangen. Unser Zuhause ist uns vertraut. Da kennen wir uns aus. Das Draußen-Sein impliziert dagegen Ungewißheit, Bedrohung und Gefahren, andererseits aber auch Neugier und Abenteuer.

Nicht umsonst gibt es Menschen, die ihr Haus gar nicht mehr verlassen wollen. Die Angst hat die Oberhand gewonnen und erstickt so jedes Fort- und Ankommen. Eine Wanderung, eine Wegsuche kann nicht mehr stattfinden. Um hineinzukommen, müssen wir über Schlüssel verfügen, oder es wird uns aufgetan. Manches Mal öffnen sich uns – wie von Zauberhand – Türen von alleine. Dies geschieht in Märchen, Sagen und Mythen, wenn ein Held zum Beispiel Prüfungen bestehen muß, um ein bestimmtes Ziel zu erreichen. In solchen Fällen spielt die Zahl „drei" eine große Rolle. Meist ist die mittlere, die dritte Tür, die richtige. Wir sprechen in diesem Zusammenhang auch von Himmelspforte, die uns aufgetan wird, wenn unser irdischer Weg der rechte war. Es geht immer wieder darum, verriegelte Fenster und Türen der Innenwelt aufzutun, um sich der Welt zu öffnen.

Genauso wichtig ist es aber auch, immer wieder darauf zu achten, Tore der Außenwelt zu öffnen, um neue Begegnungen zu ermöglichen. Diese wiederum sorgen für eine Bereicherung und Belebung unserer Innenwelt. Neue, frische Farben können dann Einzug halten in Räume, die vielleicht schon längerer Zeit nur grau in grau gestrichen waren.

Für die Welt der Phantasie bedeutet dies, unsere inneren Sinne zu trainieren und zu schärfen Das wirkt sich unmittelbar auf die Fähigkeit zu imaginieren aus.

Dabei ist die menschliche Phantasie – wie oben gezeigt – eine seelische Grundfähigkeit. Jeder kann phantasieren. Und dennoch ist die Phantasie in unserer Gesellschaft eine schlafende Funktion. Manche Menschen meinen, diese angeborene Fähigkeit im Lauf ihres Lebens verlernt zu haben.

Sie können ihre inneren Bilder über eine längere Zeitdauer hinweg nicht kontrollieren. Oft verschwimmen die Bilder vor ihren Augen, Gedanken kommen in den Sinn und lenken ab oder sie sehen nur Schwärze oder Dunkel.

Einerseits kann dies als innerer Widerstand, als Angst davor gedeutet werden, daß bestimmte Bilder, die mit starken Gefühlen verknüpft sind, wieder „hochgespült" werden könnten. Dann hätte das „Nicht-phantasieren-Können" einen durchaus berechtigten Sinn. Andererseits müssen seelische Grundfunktionen wie Aufmerksamkeit, Konzentration oder eben die Phantasietätigkeit regelrecht trainiert werden, um wieder ihre volle Leistungsfähigkeit entfalten zu können.

Ein Beispiel: Fahrrad zu fahren verlernen wir im Grunde nie, wenn wir es einmal konnten. Wenn wir nach zwanzig Jahren erstmals wieder ein Fahrrad benutzen, benötigen wir jedoch einige Übung, um Sicherheit zu gewinnen. So ist das auch mit unserer Phantasie. Wir benötigen nicht mehr als eine freischwebende Aufmerksamkeit, damit innere Bilder in uns aufsteigen können.

Um ein inneres Bild jedoch „festzuhalten" und dadurch seine verschiedenen Qualitäten und die Gefühlsbotschaften, die es in sich trägt, erfahren zu können, bedarf es gleichzeitig einer Konzentration auf unsere „Innenwelt". Dadurch ist unmittelbar verknüpft eine Reduktion der Wahrnehmung der Reize unserer Außenwelt. Nur so kann die Wandlung, die ein tiefempfundenes inneres Bild in sich birgt, auch tatsächlich erfahren und erlebt werden. Denn nicht das Bild an sich oder dessen Interpretation ist die „Heilung", sondern die Wandlung des inneren Bildes, wie *Epstein* ausführt.

Die uns umgebende Welt erleben wir im wesentlichen durch unseren Gesichtssinn. Er ist der mit Abstand dominanteste. Manche Menschen erleben die Welt jedoch eher akustisch als visuell. Ihr Sinn für Schwingungen, Geräusche und Musik ist besonders stark ausgeprägt: Denken Sie nur an stark Sehbehinderte oder gar Blinde. Weniger häufig begegnen uns Menschen, die besonders gut riechen und schmecken oder aber ihren Körper besser als andere koordinieren können.

In der Welt der Phantasie benötigen wir jedenfalls alle unsere Sinne. In einem einzigen inneren Bild, wenn es auch nur für Sekunden aus unseren unterbewußten Anteilen „auftaucht" und Gestalt annimmt, kann eine komplexe, symbolisch verdichtete Gesamtsituation angelegt sein.

Stellen Sie sich doch bitte ein Weihnachtsfest in Ihrer Kindheit vor:

- Können Sie noch den Gänsebraten oder die Tannennadeln riechen?
- Gelingt es Ihnen, den Bratapfel mit Vanillesauce zu schmekken?
- Hören Sie das Glockengeläute um Mitternacht?
- Können Sie sich noch erinnern, wie Sie ein Gedicht vortrugen oder ein Lied sangen?
- Sehen Sie einen bestimmten Menschen, den Sie besonders gerne mögen, vor sich?
- Erinnern Sie sich an ein bestimmtes Geschenk, das Sie erhielten und daran, wie Sie es auspackten?
- Hören Sie das Papierrascheln beim Auspacken?
- Möchten Sie noch einmal ein besonders schönes Erlebnis an einem Heiligen Abend vor Ihren Augen wieder auferstehen lassen?

Sie sehen: Sie üben bereits.

Ich schlage Ihnen nunmehr vor, sich zunächst einmal auf nachfolgende Angebote, die die Vorstellung Ihrer fünf Sinne zum Inhalt haben, einzulassen und sie möglichst häufig zu trainieren.

Zum inneren Sehen und Wahrnehmen:

Stellen Sie sich bitte vor, wie Sie

- Zahlen auf eine Schiefertafel schreiben,
- mit farbiger Kreide ein Bild auf die Tafel malen,
- durch Ihre Wohnung gehen.

Zum inneren Hören:

Stellen Sie sich bitte vor, wie Sie

- das Rauschen von Wellen am Strand hören,
- das Rascheln von Blättern unter Ihren Füßen wahrnehmen,
- das Pfeifen und Toben eines Sturmes hören.

Zum inneren Riechen:

Stellen Sie sich bitte vor, wie Sie

- brennendes Holz riechen,
- das Aroma von Vanille riechen,
- den Duft einer Narzisse erschnuppern.

Zum inneren Schmecken:

Stellen Sie sich bitte vor, wie Sie

- Salz oder Zucker auf Ihrer Zunge schmecken,
- eine Banane essen,
- das Fruchtfleisch einer Kokosnuß kosten.

Zur inneren Wahrnehmung:

Stellen Sie sich bitte vor, wie Sie

- eine Treppe hoch gehen,
- einen bestimmten Menschen umarmen,
- ein Tier streicheln.

Beginnen Sie am besten selbst damit, Töne, Gerüche und Geschmäcker in Ihrem alltäglichen Leben genau und differenziert wahrzunehmen. Achten Sie bei einem Spaziergang auf den Wechsel der Sie umgebenden Gerüche, wenden Sie sich einigen Duftquellen gezielt (Tanne, Laub, Gewässer) zu. Lassen Sie verschiedene Duftkreationen in aller Ruhe auf sich wirken. Was in der Realität vielfältig erprobt und verankert wurde, läßt sich später, in der Phantasie, um so leichter wieder zum Leben erwecken.

Nun verfügen Sie schon über das Rüstzeug, um sich auf Ihre inneren Bilder einlassen zu können. Als nächstes wünsche ich Ihnen, daß sie sich einlassen können auf Geschichten und Mythen.

Die Magie von Geschichten und Mythen

Schon immer haben auch Geschichten die Aufmerksamkeit angezogen, da sie unsere Phantasie entfachen und uns begreiflich machen, was in unserem Leben alles möglich wäre, würden wir unseren Lebensweg auch auf anderen Pfaden als den wohlvertrauten beschreiten. Man braucht nur daran zu denken, mit welcher Verzauberung Kinder auf Geschichten reagieren. Geschichten üben eine große Faszination auf die Psyche des Menschen aus, weil sie Ereignisse des Lebens darstellen, ausmalen und organisieren. Sie verdeutlichen Erfahrungen und dienen als Marksteine der menschlichen Existenz. Durch ihre Spannungselemente „und dann . . . und dann . . . und dann" richten sie unseren Blick auf die Zukunft. Sie lassen Handlungen und Personen lebendig werden und erschließen dem Menschen eine neue Anteilnahme an ihrem Leben. Sie weben gleichsam einen Teppich aus Vergangenem, Gegenwärtigem und Zukünftigem und weisen uns auf Möglichkeiten hin.

Auch Mythen sind im Grunde nichts anderes als Geschichten. Das Wort „Mythos" kommt aus dem Griechischen. Obwohl uns vieles aus der keltischen und germanischen Mythologie überliefert wurde, denken wir doch, sobald uns dieser Begriff begegnet, vorwiegend an die hellenischen Mythen. Mythos bedeutet ursprünglich „Wort" und „Sage" sowie „Erzählung aus alter Zeit". Der Mythos bedeutet für die Menschheit das, was der Traum für das Individuum beinhaltet: Es ist eine Sammlung von Bildern, die die Struktur unserer kollektiven Psyche in einer bestimmten Periode unserer Evolution abbildet. Die Mythen alter Kulturen gehören wohl zu den faszinierendsten Quellen für all jene, die sich mit der Natur des Menschen und seinem Verhältnis zur Schöpfungsgeschichte der Welt befassen. Sie eröffnen einen Einblick in das Weltbild vergangener Kulturen und beleuchten – uns teilweise fremd gewordene – spirituelle Bereiche.

Der Einfluß der Mythen aus Religionen, Philosophie, Psychologie auf das Kunstschaffen der heutigen Zeit ist immer noch enorm. Die in den Überlieferungen geschilderten Ereignisse und Vorstellungen beflügeln unsere Phantasie, fördern Kreativität und Intuition.

Dabei wirken Mythen, Sagen und Märchen zu keiner Zeit altmodisch und „verstaubt". Niemals werden sie ihre Aktualität verlieren. Sie handeln nämlich nicht nur von „damals" und „zu der Zeit". Genauso gut können sie von „jedesmal" und „zu allen Zeiten" berichten. Sie erzählen über unsere äußere und innere Wirklichkeit.

Die Bilder von Mythos, Sage und Märchen verkörpern Lebendiges. Immer sind sie dazu fähig, sich zu erneuern; weil sie das menschliche Schicksal unaufhörlich beeinflussen, entziehen sie sich jedem Versuch einer Klassifizierung. Mythen wirken auf uns oft phantastisch und wunderbar. Das Wunder aber ist dem Alltag ein Rätsel. Darum spielen Rätsel in vielen Mythen eine so bedeutende Rolle. In Rätselfragen ballt sich ihr Schicksal. Zieht sich ein Verhängnis zusammen, bringt die Lösung des Rätsels die Wende, Sieg und gutes Ende. Eigentlich geht es doch immer um Rätselraten, wenn wir bedenken, daß uns das Leben jede Stunde Rätsel aufgibt.

Die Menschen schufen sich auf ihrer Suche nach Verstehen und Bedeutung zu allen Zeiten ihre eigenen Mythen, nach denen sie leben können und die Geheimnisse und Herausforderungen unserer Existenz erklären. Es gibt kulturelle Mythen, die das Zusammenleben einer Gemeinschaft maßgeblich mitbestimmen, und es gibt persönliche Mythen, die dem Leben eines einzelnen Menschen Bedeutung geben.

Jeder Mensch gestaltet im Laufe seines Lebens im Grunde auch seine persönliche, einzigartige Mythologie. In unserer modernen Gesellschaft hat der Mythos auch weiterhin eine durchaus starke Kraft. So werden heutzutage hauptsächlich über Film, Fernsehen und Magazine die zeitlosen Themen des Lebens, z.B. Heirat, Krankheit, Heldentum und Tod verbreitet (z.B. Diana-Mythos).

Alles hat seinen eigenen Traum

Träumen ist, unabhängig von Rasse, Geschlecht, Kultur und Zeit, eine universelle menschliche Erfahrung. Träume sprechen eine beeindruckende universale Symbolsprache, die letztlich alle Menschen miteinander verbindet und auch ohne Worte unmittelbar verständlich sein kann. Das hebräische Wort für träumen heißt „chalam". Gleichzeitig bedeutet dieses Wort „stark werden". Es ist weniger Vergangenes, sondern Gegenwärtiges, Lebendiges, das im Traum nach Ausdruck drängt. Gerade Naturvölker können uns entscheidend dabei helfen, um zu diesen verborgenen, jedoch unerhört kräftigen Energiequellen in uns wieder Kontakt aufzunehmen.

Für alle Naturvölker sind die Träume Ausdruck und Träger elementarer, schöpferischer Urenergien. Diese Urenergie ist für sie unsichtbar, aber immer und überall gegenwärtig und daher unzerstörbar, ständig in Bewegung, im steten Wandel von Entstehen und Vergehen. Sie ist schöpferische Energie, selbst unerschöpflich, ohne Anfang und ohne Ende, eben zeitlos.

Was Menschen träumen und vor allem, was sie für ein Verhalten daraus ableiten, ist Teil ihres Weltverständnisses. Dabei wird der Traum bei den Naturvölkern als „zweites Dasein" genauso ernst genommen wie die Alltagswirklichkeit. Träume gehören zum Brennpunkt ihres sozialen und individuellen Lebens. Es gab und gibt Stämme, die ihr ganzes Leben in den Dienst ihrer Träume stellen, sie als führende Kraft, als unfehlbaren Ratgeber für ihr Erleben und Verhalten ansehen. Für viele Naturvölker heißt Leben träumen und träumen Leben oder besser noch: handeln nach Träumen. Beide Bereiche hängen bei ihnen so eng zusammen, daß Träume für sie keine isolierten, von der Wirklichkeit des Alltags getrennte Welten sind. Sie wirken ineinander, beeinflussen und ergänzen sich gegenseitig. Bei den Naturvölkern besteht kein Bruch zwischen den verschiedenen Bewußtseinszuständen wie im westlichen Denken.

Lange Zeit vor der modernen wissenschaftlichen Bestätigung wußten die Naturvölker um das Geheimnis, daß sich die Wirkung eines Traumes erst dann voll entfaltet, wenn man ihn erzählt. Für viele Stämme gehört das Erzählen eines Traumes zum morgendlichen Ritual. Die Deutung des Traumes und das Handeln danach sind bei den Naturvölkern eng miteinander verbunden. Es bleibt nicht – wie in unserer Traumkultur – bei dem bloßen Verstehen eines Trauminhaltes.

Für diese Völker ist der Traum die Erzählung der Seele von der unsichtbaren Welt. Eingeborene sind davon überzeugt, daß der Mensch sich während seiner Traumreisen mit ihren erweiterten Dimensionen der Wirklichkeit in einem Kraftfeld besonderer Art befindet. Traum ist – in diesem Verständnis – selbst Energie und er hat Energie.

Ich möchte Ihnen nun einen anderen Weg zu den inneren Orten der Kraft vorstellen, nämlich die Meditation.

Meditieren. Im Fluß der stillen Zeit

Meditation hat im Grunde mit Weltanschauung oder Religion nichts zu tun, sondern ist Schulung und Kultivierung von Konzentration, Achtsamkeit und innerer Ruhe.

Meditation kann als ein Weg von „außen" nach „innen", von „oben" nach „unten", vom „Nahen" zum „Fernen" verstanden werden. Sinn macht allerdings auch der umgekehrte Weg. Sie hilft uns – mit relativ einfachen Mitteln –, wieder zu uns und zur inneren Ruhe zurückzufinden. Bei ihr kommt es nicht auf die Fülle, sondern auf die Tiefe an. Weniger ist beim Meditieren mehr als viel. Meditieren bedeutet auch: den Raum, in dem empfangen wird, zu öffnen. Alles, was dem Meditierenden begegnet, kann mit Dank und als Geheimnis betrachtet werden.

Allen Menschen, die Wege nach innen suchen, bietet sich die Meditation mit allen ihren zahllosen Formen und Ausprägungen an, auf die ich an dieser Stelle nicht weiter eingehen kann.

Meditation, lateinisch „meditatio", bedeutet „tiefes Nachdenken", sinnendes Betrachten, auch religiöse Versenkung. Wir begeben uns in die Stille, machen uns Gedanken über uns selbst oder andere, über Schicksale, Ereignisse, Erlebnisse, die Gegenwart, Vergangenheit, Zukunft und Tod. Wer meditiert, befindet sich auf dem Weg zu sich selbst, kommt an, kehrt ein. Er möchte über die mentale Innenschau zu Erkenntnissen kommen, die zum Verständnis eigener Gesetzmäßigkeiten, bestimmter Lebensabläufe und naturgegebener Zusammenhänge führen.

Meditationen können sich mit inneren Bildern und Gefühlen

beschäftigen, sich aber auch ganz einer „bildlosen Dunkelheit"
ergeben, indem sich ein Symbol und damit eine seelische Gesamtsituation einstellt.

Grundvoraussetzung für das Meditieren ist eine empfangende
Haltung, eine sich den Dingen ergebende Hingabe, in der nichts
gewollt und forciert wird. Die Aufmerksamkeit ist präsent, jedoch in extremer Weise nach innen ausgerichtet. Eine Konzentration auf eine Kerze, eine Blume oder auf ein Zeichen sind geeignete Einstiege für eine Meditation. Sie wird am besten gelingen, wenn keine Erwartung da ist und der innere Dialog langsam
abklingt. Dabei sollen Gedanken in eine bestimmte Richtung
gelenkt werden und dort verweilen.

Zunächst sollte ein Raum der Stille geschaffen werden, wo
jeder zu sich selbst kommt und den „Lärm des Alltags" vergißt.
Immer geht es bei der Meditation darum, Tiefe zu erreichen. Immer ist Meditieren auch eine Sache des ganzen Menschen.

Stilleübungen können als eine Sonderform der Meditation verstanden werden. Maria *Montessori* entdeckte zu Beginn unseres
Jahrhunderts die stärkende, fördernde, ja therapeutische Kraft
der Ruhe und des Schweigens. Daraus entstanden Stilleübungen.
Sie wählte den Weg über die Sinne und beobachtete bei äußerer
und innerer Stille vertiefte Sammlung, geschärfte Wahrneh-
mungsfähigkeit, erhöhte Sensibilität und Behutsamkeit. Neben
der wachsenden Aufgeschlossenheit für Meditationsformen,
Autogenes Training, Atem- und Körperübungen, ermöglichen
diese Übungen eine Rückbesinnung auf den Wert der Stille. Stille ermöglicht die Erfahrung der eigenen inneren Zeit, bewirkt ein
erneutes Verhältnis zu den Dingen der Umgebung und den Personen. Dies ist um so bedeutsamer, da die Ohren ja – im Gegensatz zu den Augen – keine Klappen haben, sie also bewußt nicht
geschlossen werden können und somit dem „Toben der Welt"
hoffnungslos ausgeliefert sind.

Stilleübungen ermöglichen Sammlung, das Kennenlernen der
Innenwelten, Basiserfahrungen mit sich und anderen, mit Raum
und Zeit. Das Alltägliche kann so zum Besonderen werden. Empfindungen, Erinnerungen, Gedanken, die Phantasie werden ange-
regt, Kreativität wird freigelegt. Stille aushalten und hinhören,

warten können, bis etwas geschieht – sich öffnen, um neu erfüllt zu werden. Auch das trägt dazu bei, neue Energiequellen zu erschließen, „Inseln der Ruhe" im Alltagsleben zu errichten.

Bei diesen Stilleübungen wird man zunächst besonders hellhörig für alle Geräusche, doch dauert es meistens nicht lange, bis man die Geräusche überhaupt nicht mehr hört. Zum mühelosen „In die Tiefe kommen" können folgende Worte als Selbstanweisung beitragen: *Still werden – entspannen – in die Tiefe gehen – empfangen.*

Eine gute Voraussetzung für eine tiefempfundene Meditation ist der psychische Zustand einer *Trance.*

Trance ist keine Meditationstechnik, sondern ein Zustand, ein traumähnlicher Vorgang. Sie ist – im Prinzip eine ganz natürliche, von allen Menschen angewandte – Methode zu lernen, innere Veränderungen einzuleiten. In einer Trance hat man einen besseren und unmittelbareren Zugang zu seinen „inneren Ressourcen" als im Wachbewußtsein. Wir befinden uns viel häufiger in einer Trance als wir uns träumen lassen, ruhig fließende oder sich rhythmisch wiederholende Musik, aber auch monotone Geräusche (Föhngeräusche beim Friseur, Bachrauschen) ermöglichen ausgeprägte Trancezustände. Lern- und Arbeitsprozesse gelingen uns in diesem Zustand leichter und angenehmer.

Als weitere bewußtseinsfördernde Energien können die Archetypen gelten:

Archetypen und Symbole – die einigenden Kräfte

Archetypen (griechisch: „das von Anfang an geprägte") sind Urbilder, die wir tief in unserem Unbewußten aufbewahren. In gewisser Hinsicht können sie als „übersinnliche" Baupläne der Seele gelten. Diese sogenannten Baupläne können allerdings durch Kindheitserlebnisse und Sozialisation verzerrt werden. Man kann Archetypen als inhaltslose Formen verstehen, die unendlich viele verschiedene Inhalte beherbergen können. Die im Laufe des Lebens angesammelten Erfahrungen sind als Inhalte zwar individuell, drücken sich aber in archetypischen Formen und Bildern aus.

Nach *C. G. Jung* sind Archetypen Urvorstellungen, die in jedem Menschen als bestimmte, rational kaum faßbare und von regionalen Gegebenheiten weitgehend unabhängige Urbilder auftreten. Sie werden in Mythen, Träumen, Märchen, Kulten und im Unterbewußtsein sichtbar.

Das Wort „*Symbol*" stammt aus dem Griechischen. Es wird daraus abgeleitet, daß zwei Freunde Ringe in zwei Hälften brachen, wovon jeder eine erhielt. Somit ist der Ring ein Zeichen für Freundschaft. Die eine Hälfte braucht die andere, um ein vollständiges Ganzes zu ergeben. Wenn man diese Metapher symbolisch auf unser Leben bezieht, kann darunter verstanden werden, daß die eine Hälfte unseres Lebens zwar sichtbar ist, auf der anderen Seite jedoch noch ganz andere Dinge verborgen, folglich unsichtbar sind.

Der Begriff „Symbol" ist ungemein vieldeutig. Überall dort, wo die Darstellung eines Gegenstandes durch einen anderen geschieht, der ihm ähnlich oder verwandt ist oder auch beides gleichzeitig, wird der Ausdruck „Symbol" verwendet. In Träumen treten Symbole spontan auf, denn Träume passieren einfach. Sie werden nicht bewußt erdacht. Wie die Geschichte der Symbolik zeigt, kann der ganze Kosmos, beinahe alles zum Symbol werden: Steine, Pflanzen, Tiere, Berge, Täler bis hin zu Nutzgegenständen und geometrischen Figuren wie Kreis, Dreieck oder auch Zahlen. Real ist ein Stein ein Stein und Stoff ist Stoff. Doch besitzt jeder Gegenstand darüber hinaus noch eine andere Bedeutung. Er kann sogar eine Stellvertreterrolle einnehmen. Denken Sie nur an die vielen Kuscheltiere, die als Trost- und Nähespender abends mit ins Bett genommen werden.

Die Symbole, denen wir in unserem Alltag begegnen, liefern eine wortlose Botschaft an das Unbewußte. Sie versetzen uns bisweilen in eine Stimmung, die wir nicht erklären können. Sie sprechen eine tiefe Ebene der Psyche an, nämlich die Archetypen. Die Botschaft ist dementsprechend in der Sprache der Archetypen, nämlich gefühlsbetont. Für *C. G. Jung* ist das Symbol überall im Leben zu finden, selbst Krankheiten beziehungsweise ihre Symptome sind Symbole, die eine Botschaft aus tieferen Bewußtseinsschichten in sich bergen. Diese Botschaften können einen Schlüssel zur Heilung beinhalten.

Die Psychologie leuchtet tief in die Symbolik der Volksüberlieferungen hinein und bringt Grundelemente ans Licht, die vorher im Dunkel lagen. Die einzige Schwierigkeit besteht darin, daß sich die Deutung des Erschlossenen nicht auf ein zuverlässiges System stützen kann. Denn echte Symbole haben etwas Unbegrenztes an sich. Die Bibel ist voll von symbolbefrachteten Sprachbildern, wenn sie von den Gegenständen des Gottesreiches, wenn sie von Gott selbst spricht. Gott ist der „Vater", der „Fels", das „Licht". Jesus ist das „Brot des Lebens", Das Himmelreich ist gleich „einem Schatz im Acker".

E. Fromm sagte: „Ich halte die Symbolsprache für die einzige Fremdsprache, die jeder von uns lernen sollte. Wenn wir sie verstehen, kommen wir mit Mythen in Berührung, die eine der bedeutsamsten Quellen der Weisheit sind". Allerdings hat der moderne Mensch seine emotionale unbewußte Identität mit Mythos und Landschaft wohl weitgehend eingebüßt. Kein Fluß verkörpert uns mehr das Göttliche, keine Höhle ist uns mehr die Wohnung eines Dämons, kein Baum ist mehr unmittelbar mit unserem Leben verbunden. Es sprechen keine Ahnen aus Steinen und Pflanzen mehr zu uns. Nur in den Bildern unserer Träume und Imaginationen begegnen uns noch „echte" Ursymbole.

In den Texten der nachfolgenden Phantasiereisen werden Ihnen vielfältige Symbole begegnen. Ihre Inhalte weisen dabei weit über sich selbst hinaus, wenn Sie sie in aller Ruhe auf sich einwirken lassen und abwarten, bis etwas in Ihnen mitzuschwingen beginnt.

Zunächst bitte ich Sie jedoch noch um etwas Geduld, indem ich Ihnen – auf Ihrem Weg nach innen – einen kleinen Umweg vorschlage. Ich möchte ihnen zunächst noch vorstellen:

Teil III:
Äußere Orte der Kraft

Kraftorte

Was ist unter einem „Ort der Kraft" zu verstehen? Es ist ein Platz mit besonderen, energiespendenden Kräften. Von Orten der Kraft sollen, nach Ansicht vieler Autoren, mächtige Vibrationen ausgehen. An diesen besonderen Plätzen lebten die Menschen jedoch nicht, sondern sie pilgerten dorthin, um sich mit neuer Energie zu versorgen oder an einem spirituellem Erlebnis teilzuhaben.

Sie zogen im Gefolge einer Wallfahrt oder Pilgerschaft dorthin, verrichteten ihre Zeremonien, gingen weiter oder wanderten wieder nach Hause.

Kraftorte sind Plätze, an denen über einen langen Zeitraum kultische Handlungen stattfanden. Dies gilt weltweit für alle Religionen und ihre Kultstätten, für Moscheen, Hindutempel, christliche Kirchen, buddhistische Tempel, Heiligtümer der Naturreligionen sowie für Opferhöhlen der Steinzeit.

Dabei wird angenommen, daß ähnlich den Blut- und Nervenbahnen und Meridianen des menschlichen Körpers die Erde besondere Energieströme durchziehen. Unser ganzer Planet soll von diesen Kraftlinien durchzogen sein. Diese Linien verbinden die einzelnen Kraftorte miteinander. An den Stellen, an denen sie sich kreuzen, befinden sich – nach dieser Theorie – die Orte größter Kraft. Nachdem man festgestellt hat, daß Kultstätten wie zum Beispiel Stonehenge, die Pyramiden von Gizeh und die Externsteine durch solche energetischen Linien verbunden sind, gilt diese Einschätzung in esoterisch interessierten Kreisen als allgemein bewiesen. Diese auf den Menschen wirkenden Erdenergien waren und sind ebenfalls in nahezu allen Kulturen bekannt.

Orte der Kraft sind damals wie heute besonders als Hilfe zur Meditation geschätzt. Weitere Aspekte sind die der Heilung körperlicher Gebrechen oder Schmerzen, die Entscheidung lebenswichtiger Fragen oder die Kontaktaufnahme mit dem Göttlichen. Auch ging es um die Stärkung und die Kontrolle persönlicher Macht und des Besitzes. Die besonderen energetischen Verhältnisse an solchen Orten sollen durch Wünschelruten nachweisbar sein.

Auf der Erde scheint es – wie oben gesehen – eine Fülle verschiedener Kraftorte gegeben zu haben. Verstreut über den ganzen Erdball finden sich rätselhafte Ruinen von Städten, Tempeln oder Gräbern, verwirrenden Zeichen und Symbolen, von unbekannten Künstlern oder Magiern in die Landschaft gegraben, heilige Stätten, an denen Menschen versunkener Kulturen Kontakt mit dem Übernatürlichen suchten und zu inzwischen vergessenen Göttern beteten. Um sie zu finden, sind besonders alte Kultstätten, Tempel oder Kathedralen geeignet. An diesen auserlesenen Stätten spielt wohl der Austausch der Kräfte zwischen Himmel und Erde eine besondere Rolle. Daneben ist die geographische Lage dieser Orte von Bedeutung. Es sind genau feststellbare Standorte, die der Mensch in früheren Zeiten durch besondere Fähigkeit, Intuition, Beobachtung sowie durch die genauen Kenntnisse der Beziehungen zwischen Erde und Kosmos, die heute verlorengegangen sind, auffand. Langsam beginnt unser Jahrhundert sie neu zu entdecken, sich das Wissen der damaligen Eingeweihten wieder anzueignen.

Aus schamanischer Sicht müssen *zwei* Typen von Kraftorten unterschieden werden: diejenigen, die uns die Natur zur Verfügung stellt, damit wir uns dort mit neuer Energie versorgen oder besondere Erfahrungen machen können.

Diese kann man als „*natürliche*" Kraftorte bezeichnen. Sie sollen in Verbindung zu anderen Orten der Kraft stehen, sind durch energetische Linien und Netze verbunden und offensichtlich schon seit langer Zeit durch unsere Vorfahren entdeckt worden. Sehr oft befinden sich auf ihnen oder in ihrer nächsten Umgebung Monolithe, Tempel, eine Quelle oder uralte Bäume. Wo Stein, Baum und Wasser zusammenfanden, entstanden oft diese als „heilig" angesehenen Orte.

Dabei versinnbildlicht der Stein Unzerstörbarkeit und Dauer, der Baum offenbart den Zyklus des Lebens und seine heilige Macht, das Wasser steht für die Fruchtbarkeit des Ortes und beinhaltet die Möglichkeit der Reinigung. Ein weiterer Faktor eines heiligen Ortes ist das Licht. Das Licht stand schon immer in Verbindung zum Transzendenten, wobei es sich während der Abfolge von Tages- und Jahreszeiten naturgemäß stark verändert. Eng mit der landschaftlichen Charakteristik des heiligen Ortes ist auch ein spezifisches Mikroklima verknüpft. Der schwankende Luftdruck im Gebirge kann zum Beispiel körperliche und geistige Gelöstheit bewirken. Dadurch wird die Empfänglichkeit für Sinneseindrücke gesteigert, und man fühlt sich leicht und sorglos. Darüber hinaus werden an sakralen Plätzen eine ganze Reihe anderer physikalischer Kräfte wirksam. Granit z. B. ist ein stark radioaktives Gestein. Ähnlich sieht es mit der Beeinflußbarkeit der menschlichen Psyche durch magnetische Felder aus. Viele Arten von Gesteinen enthalten eisenhaltige Mineralien.

Der zweite Typus von Orten der Kraft sind die *von Menschen* ganz bewußt geschaffenen. Sie sind Ergebnis eines bewußten Entschlusses, hier und jetzt einen solchen speziellen Platz einzurichten. *Brönnle* weist darauf hin, „daß in unserer modernen westlichen Kultur diese ortsbezogene Mythenbildung allerdings insofern stark beeinträchtigt wird, da solche heiligen Plätze praktisch „über Nacht" bebaut werden.

Zum Umgang mit Orten der Kraft

Entgegen einer weitverbreiteten Meinung sind Orte der Kraft nicht dazu da, um von ihnen Energie „zu holen". Sie sind keine Tankstellen für ausgehungerte Seelen oder geschundene Körper. Vielmehr benötigt der richtige Umgang mit diesen Plätzen einen Austausch gegenseitigen Gebens und Nehmens. Opfern und Danken ist mit einer sensiblen Kontaktaufnahme mit Kultplätzen unmittelbar verbunden. Dabei ist die Qualität, nicht die Quantität entscheidend.

Alte Kultstätten und Wallfahrtsorte verfügen eigentlich immer über eine Mischung verschiedener Energien: die durch unseren Planeten angebotenen und die vom Menschen über die Jahrhunderte mitgebrachten und hinterlassenen Kräfte.

Energie folgt der Aufmerksamkeit, und Aufmerksamkeit folgt der Energie, sagen die alten Hawaiianer. Besondere energetische Verhältnisse an einem Ort der Kraft lösen Beachtung und Verehrung aus. Verehrung wiederum lädt den Ort mit zusätzlichen Kräften auf. Er wird dadurch geweiht.

Sollten Sie einen solchen Kultort besuchen, ist es sinnvoll, hinzugehen, zu spüren, zu danken und wieder weiterzuwandern.

An einem solchen Ort sollte man sich ganz unvoreingenommen, ruhig und meditierend hinstellen oder hinsetzen. Man sollte versuchen, restlos abzuschalten, sich zu entspannen, die Natur zu genießen und sich an ihr zu erfreuen. Es ist wichtig, die besondere Stimmung und Energie auf sich einwirken zu lassen und sich offen für neue Erfahrungen zu machen.

Man kann die Hände zu Hilfe nehmen und das Energiefeld erspüren, das die Gegenstände dieses Kraftortes enthalten. Was immer man auch tut oder läßt: Respekt und Ruhe gehören dazu.

Zu viel sollte man jedoch nicht erwarten. Manche Menschen sprechen davon, daß sie sofort oder später eine körperliche Reaktion empfanden; manche spüren gar nichts. Manches Mal hilft es auch, diesen besonderen Ort mehrere Male aufzusuchen, bevor Sie sein Geheimnis erahnen oder erspüren können.

In diesem Buch geht es weniger um die Orte selbst, seien es äußere oder innere Orte der Kraft. Vielmehr geht es darum, was Sie aus der Begegnung mit diesen Orten machen, was sie daraus lernen können.

Es steht Ihnen völlig frei, wo immer Sie es auch für richtig halten, einen Kraftplatz einzurichten und ihn mit Energie zu versorgen. Sie brauchen Ihr Zuhause dafür gar nicht erst zu verlassen. Sie können einen bestimmten Raum besonders ausstatten, mit einem bestimmten Bild oder Tuch, einem ausgewählten Stein, mit Blumen oder Kerzen. Sie können dort räuchern, meditieren, beten oder besonders liebevolle Vorstellungen und Gedanken entwickeln. Was auch immer Sie tun: Ihre bewußte Absicht kann aus den gewöhnlichsten Utensilien rituelle Gegenstände machen.

Wenn Sie können, schließen Sie störende Faktoren einfach aus.

Auch der Zeitpunkt kann eine Rolle spielen. Darum finden seit alters her Zeremonien zu den Sonnenwenden, den Tag- und Nachtgleichen, zu Voll- oder Neumond statt. Aber das ist nicht bindend. Falls die „richtige" Stunde nicht da sein sollte, können Sie sie einfach zur richtigen ernennen. Allerdings eignet sich wohl eine stille Nacht- oder Abendstunde zur Versenkung besser als eine zur Hauptgeschäftszeit.

Nicht vergessen sollten sie auch, daß zu jedem Ritual eine klare Struktur des Ablaufs gehört, daß es einen deutlich erkennbaren Anfang und ein eben solches Ende haben soll. Zur Vorbereitung gehört auch eine innere Einstimmung des Bewußtseins, die Ausrichtung der Gedanken auf eine innere Reinigung. Sie geben einem Ritual schon dadurch eine angemessene Bedeutung, indem Sie sich anders verhalten als im Alltag.

Natürlich haben sich viele Menschen vergangener und auch heutiger Kulturen Gedanken darüber gemacht, welche Theorien, welche Systeme sich hinter den Geheimnissen von Kultplätzen und sogenannten Kraftorten verbergen. Daher möchte ich Ihnen als nächstes Die „Wissenschaften" von den Orten der Kraft vorstellen:

Geomantie, Feng Shui und Radiästhesie

Das Wort *Geomantie* stammt aus dem Griechischen und kann von gaia – manteia abgeleitet werden, was wörtlich Erdbetrachtung oder Erd-Schauen bedeutet. „Gaia" war den Hellenen die Göttin der Erde. Mit Geomantie ist das Wissen um die Lebensenergie der Erde gemeint.

Wenn der Mensch einen Ort schafft, sei es ein Gemeinwesen oder ein Haus, drückt er letztlich darin sein ganzes Wesen aus. Dabei möchte die Geomantie den Zusammenhang zwischen menschlichem Verhalten, seinem Gesundheitszustand und dem

Ort, an dem er lebt, aufzeigen. Dies soll in Harmonie mit dem Universum, den Pflanzen und den Tieren geschehen. Jede Veränderung der Landschaft durch Grabstätten, Tempel, Städte oder Straßen wollte zu früheren Zeiten sorgfältig geplant werden, um nicht den Unwillen von Geistern und Göttern heraufzubeschwören. Das geomantische Wissen hatte somit mehr oder weniger die Bedeutung einer „heiligen Geographie". Einer der wichtigsten geomantischen Akte war dabei die Errichtung eines Mittelpunktes, von dem aus die spirituelle Kraft des Ortes in alle Himmelsrichtungen fließen konnte. Als Beispiel läßt sich hier der „Nabel der Welt" in Delphi anführen.

Geomantie als Ortsinterpretation erlebte seine Blüte in Europa mit dem Bau der gotischen Kathedralen und trat mit dem Aufkommen der Moderne zunächst in den Hintergrund. In ihrem heutigen Stand beschreibt die Geomantie eine Kunst, Häuser, Straßen und Städte an den jeweils günstigsten Orten zu plazieren.

Mittlerweile ist so etwas wie eine neue Wissenschaft aus der alten Geomantie entstanden. Dabei versucht ihre heutige Tradition weiterhin zu ergründen, welchen Überlegungen die damaligen Erbauer sakraler Bauwerke bei der Wahl der sogenannten Orte der Kraft und bei der Ausführung ihrer Bauten folgten und wie diese beiden Faktoren zusammenwirken.

Vibration, Resonanz und Sensibilität spielen dabei eine Rolle und erlauben dadurch, eine Brücke zwischen dem Menschen als beseeltes, fühlendes Wesen und der ausgeklügelten Technik von heute zu schlagen.

Die stärkste und am vollständigsten erhaltene geomantische Tradition findet sich in China in der Lehre des *„Feng Shui"* (wörtlich: Wind und Wasser). Feng Shui wird bereits seit mehreren Jahrtausenden in weiten Teilen Asiens zur Harmonisierung innerer und äußerer Räume angewendet. Dabei ist Feng Shui die Lehre, die uns zeigt, wie wir mehr Einklang mit den Energien des Himmels und der Erde finden und besser in Harmonie mit ihnen leben können. Grundsätzlich beschäftigt sich Feng Shui ebenfalls damit, harmonisch zu bauen und zu gestalten.

Die Lehre des Feng Shui besagt weiterhin, daß alles Energie und alles mit allem verbunden ist, daß also der Mensch nicht als ein von der Natur getrenntes Wesen existiert, sondern als ein Teil von ihr in ständiger Wechselbeziehung mit ihr steht. Demnach ist unser Dasein in das kosmische Geschehen eingebunden und dessen Gesetzmäßigkeiten unterworfen. Die Öffnung eines Blütenkelchs, der tobende Orkan, der rauschende Wasserfall, der feuerspeiende Vulkan, die Kühle der Nacht, der laue Frühlingswind, die sanfte Musik, unser Lachen, die Wärme der Sonne, das elektrische Licht, unsere Körper, die Angst, das Weinen, die Liebe, das fromme Beten, der Tod – alles dies sind Erscheinungsformen der einen Energie, des Stoffes, aus dem wir sind, der Energie, aus der alles besteht.

Feng Shui ist also eine Harmonielehre, die Wahrnehmung des ausgeglichenen Zustands von Liebe und Geist. Das Wissen darum entstand aus der Beobachtung der Natur und der Identifikation mit ihr.

Das alte germanische Weltbild sah die Erde als lebendige Energieform (ähnlich der des Menschen), die mit den kosmischen Kräften in Verbindung stand. Die Erde weist, ebenso wie die Menschen, mit dem Kosmos korrespondierende starke, energiereiche Zentren auf, die, teils sichtbar, teils unsichtbar, miteinander verbunden sind. Wie oben beschrieben wurde, wird angenommen, daß die Erde von diesen Energieströmen durchzogen wird, die mit den Blut- und Nervenbahnen des menschlichen Körpers verglichen werden können. Solche Kräfte sollen sich in ihrer unterschiedlichen Qualität durch Naturbeobachtung erkennen oder intuitiv wahrnehmen lassen. Wir können sie heute zum Teil auch mit mechanischen Mitteln messen. Im Sprachgebrauch der europäischen Geomantie werden daher bestimmte Plätze auch als „Heilige Orte" bezeichnet.

Während man also mit Hilfe der Geomantie den kosmischen Energien und denen der Erde nachspürte, um sie für bestimmte Zwecke zu nutzen oder sie zu meiden, beschäftigte und beschäftigt sich die Lehre des Feng Shui insbesondere mit dem Eingriff des Menschen in die natürlichen Gegebenheiten. Diese Weisheit will uns die „natürliche" Gestaltung von Gebäuden und Landschaften lehren, um ganze Orte und Städte im Einklang mit den Energien des Himmels und der Erde zu bringen, einerseits, um die Erde zu schützen, andererseits, um dem zivilisierten Menschen angemessene Orte und Räume der Geborgenheit und Erholung zu verschaffen.

Da die Lehren des Feng Shui für sich in Anspruch nehmen, auf allgemeingültigen kosmischen Gesetzmäßigkeiten zu beruhen, gelten seine Regeln überall und für alle Menschen. Die Art der Anwendung und das Verständnis entspricht jedoch der geographischen Lage und dem Bewußtsein der Menschen entsprechend ihrer jeweiligen Kultur.

In einem Satz ausgedrückt, ist der spirituelle Hintergrund von Feng Shui so auszudrücken: „Wir sind keine Menschen, die zu göttlichen Wesen werden sollen, sondern wir *sind* göttliche Wesen, die sich im Menschsein ausdrücken wollen."

Der Begriff „*Radiästhesie*" wurde 1930 von dem französischen Geistlichen *M. L. Bouly* geprägt. Hierbei handelt es sich um eine lateinisch-griechische Wortkombination (radius = Stab, aisthesis = Empfindung, Sensibilität). Die Radiästhesie ist die Strahlenempfindlichkeit oder mit anderen Worten die Fähigkeit eines Rutengängers oder Pendlers, die Strahlungen wahrzunehmen, die von belebten oder unbelebten Objekten ausgehen. Die hauptsächlichen Themenkreise der Radiästhesie bilden die sogenannten Wasseradern und Erdstrahlen. Als „Meßinstrumente" dienen ihr die Rute oder das Pendel. Diese Instrumente, die dem Menschen zum Auffinden von Quellen, Wasseradern, Erzen und anderen Geheimnissen der Erde dienten, sind so alt wie die Menschheitsgeschichte. Erste Aufzeichnungen findet man bereits etwa 2000 vor Christus im chinesischen Kaiserreich. Die Ägypter benutzten die Wünschelrute und das Pendel bei dem Bau der Pyramiden. Verschiedene Untersuchungen zeigen, daß die Grundsensibilität für Erdstrahlungen eine allgemeine Eigenschaft vieler Menschen ist. Dabei sind Erdstrahlen ein Sammelbegriff für jede Art von Strahlen, die aus ihrer Tiefe stammen. Möglicherweise erhalten sie ihre Energie aus Störungen, die vom Erdkern und der Magma ausgehen und die durch unterirdische Wasserläufe, Erzlager, Erdverwerfungen konzentriert bzw. abgelenkt werden und so zu Inhomogenitäten führen. Die Stärke der Erdstrahlung soll nach Angaben vieler Radiästheten schwanken. Bei Nacht soll sie dreimal so stark wie am Tage sein. Bei Vollmond kann angeblich eine bis zu fünffache Stärke erreicht werden. Auch das Wetter ist ein Faktor, der mit Feuchtigkeit, Luftdruck und Temperatur die Stärke der Erdstrahlung beeinflussen soll. So sind bei feuchtem Wetter die Werte höher als bei trockenem Wetter. Auch Gewitter und Erdbeben sollen die Stärke verändern können.

Wie lassen sich nun diese alte Lehren in unser modernes, wissenschaftlich geprägtes zwanzigstes und einundzwanzigstes Jahrhundert integrieren?

Zur Anwendung von Geomantie und Feng Shui in der heutigen Zeit

Wie oben bereits ausgeführt wurde, haben die Geomantie und Feng Shui eine glanzvolle Geschichte hinter sich und zählen zu den ältesten praktischen Künsten der Menschheit.

Heute gehört Feng Shui in Hongkong, Taiwan, Singapur und den vielen Städten, die sich durch hohe Bevölkerungszahlen auszeichnen, zum Alltagsleben. In der Geschäftswelt werden Feng Shui-Meister bei der Standortbestimmung von Büros und Arbeitsplätzen konsultiert. Hausbesitzer suchen oder bauen ein Haus nach Feng Shui Prinzipien, das der Familie zu Gesundheit und Wohlstand verhelfen soll.

Da seit einigen Jahren immer mehr Menschen im Westen mit den Künsten und Wissenschaften Chinas vertraut geworden sind, ist Feng Shui nicht länger eine Praxis, die nur von Chinesen geschätzt wird. In Nordamerika und Europa beginnen Architekten, Grundstücksmakler und sogar Hausbesitzer, sich für Feng Shui zu interessieren.

Heute zwingt uns das zunehmende Umweltbewußtsein dazu, daß wir uns wieder mit diesem alten Wissen auseinandersetzen. Immer mehr Menschen sind sich offenbar darüber im klaren, daß ganz nach dem Leitsatz „wie außen, so innen" die verseuchte Umwelt ein Spiegel unseres Innenlebens ist.

Die praktische Anwendung der Geomantie erstreckt sich über

Städtebau und Architektur bis hin zur Landschaftsplanung. Der neue Ansatz dabei ist, nicht nur im außerräumlichen, sondern zeitgleich auch im innerräumlichen des Menschen zu arbeiten, indem man über die Arbeit an sich selbst sein Bewußtsein positiv verändert, Verantwortung übernimmt und sich somit ein „heiles Inneres" im äußeren Raum manifestieren kann. Geomantische Arbeit beschreibt somit einen Prozeß, der nach innen, oben, unten und im wahrsten Sinne des Wortes in alle Richtungen geht, um Orientierung zu schaffen.

Immer mehr Bauherren und Architekten legen Wert auf Wohn- und Arbeitsräume, die wieder für den Menschen und die Umwelt förderlich gestaltet werden. Man sucht unter anderem nach einer mehr „weiblichen" Raumgestaltung als Ausgleich, in der mehr Rundungen, warme Farben und ruhige Bereiche einen Gegenpol zu den üblichen „männlichen" Ecken, dem harten Licht und Lärm bilden.

In den letzten Jahrzehnten, in denen die Verstädterung der Welt Resultat und Voraussetzung zur Entwicklung einer modernen Gesellschaft war, wurden viele Gebäude nur zur Beherbergung von Menschenmassen und für den Profit erbaut. Das ändert sich möglicherweise langsam wieder. Wir wissen heute, daß Raumanordnung und Aufteilung, Farben, Klänge und Formen auf die Psyche und den Körper des Menschen Einflüsse haben, die sich – je nachdem – positiv oder negativ wirken können. Das Wissen um Geomantie und Feng Shui kann mit den ständig neu hinzukommenden Erkenntnissen aus Forschung und Technik in jeder Weise gewinnbringend eingesetzt werden Es geht darum, daß sich Menschen Räume schaffen, in denen sie sich ausruhen können – ohne Erwartung, Leistungsdruck und Verteidigungshaltung.

Teil IV:
Seelenlandschaften

Um die Wirkungsweise einer Landschaft zu verstehen, ist es nötig, zunächst zu betrachten, was in der Landschaft auf die Seele des Menschen einwirkt. Im wesentlichen sind dies vier Faktoren. Wir kennen sie als die vier Elemente. Das Element *Erde* drückt sich in der Landschaft im wesentlichen durch Formen und Maße aus. Generell kann man sagen, daß alle einfachen Linien wie Horizonte oder Wasserläufe und ebene Flächen beruhigend wirken, wohingegen das Bergland in seiner Formenvielfalt Abwechslung bietet.

Das *Wasser* finden wir in der Natur vor allem in den Geräuschen wieder. Wasser ist das Element, das unsere Seele, unseren emotionalen Zustand weitaus am stärksten berührt. Geräuschlose Natur erscheint uns geradezu unheimlich. Töne gehören genauso wie Formen und Farben einfach zu einer Landschaft dazu.

Dem Element *Luft* dagegen entspricht die Bewegung. Im Grunde verhält sich keine Landschaft völlig regungslos. Jede Bewegung hinterläßt in irgendeiner Form ihre Spuren. Der Wind zieht Wogen durch Kornfelder oder läßt Blätter tanzen, das Wasser kräuselt sich oder rollt in Wellen ab. Äußere Bewegung setzt sich bei der Betrachtung einer Landschaft in innere, in seelische Bewegung um. Entscheidend für die Bewegung ist die Art ihrer Geschwindigkeit und ihrer Ausgerichtetheit. Langsame Bewegungen und Gleichmaß beruhigen, Schnelligkeit und Richtungsvielfalt vermögen uns zu erregen.

Dem Element *Feuer* mit seinen Folgeerscheinungen Licht und Farben kommt ein ganz entscheidender Anteil auf die übergreifende und aktuelle Stimmungslage des Menschen zu: Ohne genügend Licht werden wir krank.

So belebt das Licht (Element Feuer) unser Gemüt, die Erde (Formen und Maße) unser kollektives Unbewußtes und damit unsere Traditionen und Sagen, die Luft (Bewegung) unser Denken, und das Wasser zaubert (Klang) in unsere Seele *(Brönnle)*.

Im einzelnen werde ich auf die vier natürlichen Elemente, vor allem auf historische, religiöse und psychologische Zusammenhänge bezogen, in Kapitel V noch ausführlicher eingehen. Neben die Einzelwirkungen von Licht, Form, Bewegung und Geräuschen tritt die Gesamtwirkung des Landschaftskomplexes. *Dahlke* vergleicht die Landschaft mit dem Gesicht, das Wetter mit den Emotionen des Menschen.

Der Mensch ist in seiner religiösen Geisteshaltung von der ihn umgebenden Landschaft maßgeblich beeinflußt. So versuchte er seine innere Welt, sein Gottes- und Weltbild auf die Gestaltung der Landschaft zu übertragen. Eine Kulturlandschaft stellt daher ein unüberschaubares Durcheinander von Heiligtümern vergangener Epochen dar, die die verschiedenen Kulturen im Lauf der Geschichte hinterließen.

Um zu verstehen, was die Menschen mit ihrer Landschaft verbindet, was sie in Bergen, Seen, Flüssen, Wäldern und Bäumen zu sehen glauben und in welcher Beziehung diese wiederum zu ihrem Glauben stehen, müssen wir die Kulte und Gebräuche beachten, die sie in den Jahrtausenden im Gegenüber zur Landschaft entwickelten.

Dabei kann die äußere Landschaft als innere, die innere Seelenlandschaft als reale, nämlich äußere erlebt werden.

Wie außen so innen – wie innen so außen

Wird ein Kind geboren, so greifen sofort Hände nach ihm. Es fühlt sich emporgehoben, festgehalten. Noch kennt es keine Trennung von innen und außen, von ich und du, von hier und dort. Es unterschiedet noch nicht, alles ist ihm Einheit. Für Menschen mit einem magischen Weltbild ist ebenfalls alles beseelt. So hat ein Stein ein Steinbewußtsein, eine Blume ein Blumenbewußtsein, ein Tier ein Tierbewußtsein.

Der Leitspruch des griechischen Philosophen *Hermes Trismegistos* lautet: „So wie oben, so auch unten." Damit ist gemeint:

Was sich in der Welt des Makrokosmos finden läßt, läßt sich auch im Mikrokosmos entdecken. Vorgänge in höheren Sphären manifestieren sich in unteren und umgekehrt. Mit gleicher Gültigkeit kann man sagen: Wie außen so innen, wie innen so außen.

Sehr lange hat es gedauert, bis sich mittlerweile die – eigentlich uralte – Erkenntnis durchgesetzt hat, daß wir Leib und Seele gleichermaßen Beachtung schenken müssen, daß Körper und Seele eins sind. Heute wissen wohl die meisten, daß man gleichermaßen die Seele des Menschen berücksichtigen muß, wenn der Körper eine krankhafte Symptomatik zeigt. Man beachtet inzwischen wieder stärker, daß – neben den äußeren natürlichen Kräften – auch Energien im Inneren des Menschen wirken, die eine Heilung sowohl behindern als auch fördern können. Denn ohne Seele wäre unser Körper letztlich nur ein Klumpen Fleisch.

Die inneren Kräfte des Menschen werden heute von der Psychologie als „Archetypen" bezeichnet. Diese uralten „inneren Bilder" sollen in jeder Menschenseele, egal, welcher Rasse oder Kultur sie auch angehören mag, vorhanden sein

Wie gesagt: Für Menschen, die in schamanischen Traditionen aufwuchsen, gab es keine Trennung der Natur in unbelebt und belebt. Auch ein Berg lebte und bewegte sich, nur eben sehr langsam. Für sie schauen Welt und Mensch gleichsam ineinander hinein. Diese Menschen fühlten sich mit allen Lebewesen gleichermaßen verbunden und zeigten sich für das Ausmaß irdischer und kosmischer Harmonie mitverantwortlich.

Ein starker Mythos bestand zum Beispiel darin, daß die Vereinigung von Himmel und Erde durch die Hochzeit einer männlichen und weiblichen Gottheit zustande kam. In diese Hochzeit kleidete sich die urtümliche Vorstellung, daß der Himmel sich durch den auf die Erde fallenden Regen mit der Erde begattet und sie dadurch fruchtbar macht.

Krishna erzählt, daß die Seele nie geboren wird und niemals stirbt. Sie ist unermüdlich, ewig jung und dennoch uralt. Obschon der Körper Gegenstand von Geburt und Tod ist, kann die Seele nie zerstört werden.

Nach dieser Auffassung ist Leben die Seele. Wenn wir von der Seele sprechen, so verstehen und meinen wir unser Innenleben, das sich im Denken, Fühlen und Handeln äußert. Sie ist der Mittelpunkt, die Triebkraft, die Leben gibt. Sie ist, wie auch der menschliche Geist, unsterblich. Der Volksmund hat ihr in vielen Gleichnissen ein Denkmal gesetzt: Er spricht von einer kindlichen, edlen, guten, treuen, armen, durstigen oder verlorenen Seele. Unser Körper ist sowohl für uns selbst als auch für Außenstehende die sichtbare Hülle unserer Existenz. Wir verbringen in ihm die Zeit unseres irdischen Daseins, weil wir durch ihn, mit ihm und in ihm leben, uns in ihm, gelenkt von Seele und Geist, darstellen.

Viele Menschen meinen immer noch, ihr Seelen- und Geistesleben habe nicht allzu viel zu tun mit demjenigen Leben, das sie auf der materiellen Ebene fristen. Doch besitzt der Mensch nach *La Chapelle* alles das, was er in der Landschaft wahrnimmt: „Der Leib ist Erde, der Atem Luft, das Blut Wasser und die Wärme Feuer. Der Kopf ist Himmel, der Bauch Meer, die Beine Erde, die Knochen entsprechen den Steinen, das Haar dem Gras und die Gefühle den Tieren."

Von *Ritte* (einem Freund des Dichters *Novalis*) stammt folgende Aussage: „Die Erde selbst ist Mensch." Erdbeschreibung, physische, chemische etc. wird zur Erd- und Menschengeschichte. Die ganze Welt muß sich im Menschen en miniature wiederfinden. Die Anatomie des Erdkörpers und die des Menschenkörpers sind eins." Danach sind die Formationen der Landschaft nichts anderes als Spiegelbilder unserer innerer Seelenzustände.

Der heutige, in einer Industriegesellschaft lebende Mensch hat es mittlerweile verlernt, seine natürliche Umwelt wahrzunehmen, weil er kaum noch etwas mit ihr zu tun hat. Was man aber nicht wahrnimmt, kann man auch nicht gebührend in sein Denken, Fühlen und Handeln mit einbeziehen. *Brönnle* drückt dies so aus: „Wenn wir wieder begreifen, daß innere und äußere Welt eins sind, werden wir auch der Natur mit mehr Respekt begegnen. Denn ökologische Schäden sind nichts anders als die Außensymptome seelischer Schäden. Sind wir uns wieder bewußt, daß innere und äußere Landschaft verbunden sind, dann werden wir auch wieder lernen, eine harmonische Umwelt zu bauen, in der die Menschen dort leben, wo es dem Ort entspricht."

Dazu ist es nötig, den „Weg nach innen" anzutreten, denn dort können wir am besten damit beginnen, Einheit, Harmonie und Seelenfrieden wiederzufinden. Dafür bietet sich als erste „Seelenreise" an:

Die Zeitspirale

Die Spirale ist das Symbol für den Beginn und das Ende allen Lebens. Sie ist Symbol für Geburt und Tod. Der Anfang aller Dinge beginnt entweder im Zentrum, das sich spiralförmig vergrößert und sich in der Unendlichkeit auflöst und endet, oder aber sie entsteht im unendlich großen Raum, verdichtet sich spiralförmig und verschwindet in einem unmeßbar winzigen Punkt.

Wir geraten in vielen kritischen Lebenssituationen ins Schleudern, rasten aus, verstehen die Welt nicht mehr, sind fassungslos über unser eigenes Verhalten oder ziehen uns resigniert zurück. Sind wir jedoch in der Lage, in uns zu gehen, befinden wir uns schon auf einem guten Weg, nämlich zu uns selbst, in unsere Mitte.

Dabei ist es überaus schwierig, die eigene Mitte zu erklären, da sie eigentlich nur beschreiben kann, der in ihr ist. Wir können sie wohl nur dann erreichen, wenn unser Denken, Fühlen und Handeln sich in Einklang befinden.

In einem ersten Schritt möchte ich Sie dazu ermuntern, über das Symbol der Spirale den „Weg zu den inneren Orten der Kraft" anzutreten.

Ich werde als Autor mit meinen Texten, Fragen und Vorschlägen Ihr zeitweiliger Weggefährte sein. Für diese auserwählte Zeit möchte ich Ihnen gerne ein „Du" anbieten. Ein Weg nach innen läßt sich leichter mit einem „Du" bewältigen, ein „Sie" scheint mir bei einem solch intimen Vorhaben als zu unpersönlich.

Sooft eine Situation einen Höhepunkt, einen Gipfel erreicht hat oder sich in einem tiefen Abgrund befindet, ist sie gezwungen, sich im gegensätzlichen Sinn zu ändern. Man kann dies als ein Gesetz des zurückschwingenden Pendel des Lebens verstehen.

Die folgende erste Übung „*Die Zeitspirale. Pendel des Lebens*" ist eine kleine Bildmeditation. Sie ist eine Traumgeschichte, weniger ein Text zum Lesen als eine Geschichte zum Träumen. Sie folgt nicht der Logik des Tages, sie folgt den Spuren der Weisheit der Nacht.

Als erstes möchte ich dir eine Frage stellen:

● **Wieviel Zeit bleibt dir für ein Leben ganz nach deiner Art?**

Die Zeitspirale. Pendel des Lebens

Du weißt . . . so viele verschiedene Wege . . . führen zu einem ganz bestimmten Ziel . . . und . . . jeder davon . . . hat wohl seinen eigenen Reiz . . . seine besondere Bestimmung . . . aber nun . . . laß dich bitte deinen Weg erkennen . . . der nicht den Spuren anderer Menschen gleicht . . . du weißt . . . wenn dein Blick nach innen . . . ganz zu dir . . . zu deiner Mitte . . . ausgerichtet ist . . . und . . . stelle dir einen Weg vor . . . einen Weg . . . der in einer Spirale verläuft . . . und . . . dabei nur ein Ziel kennt . . . den Weg nach innen . . . gerade dann . . . wenn du ganz von außen kommst . . . und . . . weißt . . . dein Ziel ist ganz alleine . . . bei dir selber anzukommen . . .

●

und . . . gehe noch einen Schritt nach vorne . . . .und . . . ziehe die Vorhänge deiner Seele zurück . . . einen nach dem anderen . . . und . . . gehe den Weg durch bunte Schleier . . . ich wünsche dir . . . hinter dir . . . kann jeder offen bleiben . . . bitte gehe . . . natürlich . . . ganz behutsam mit dir selbst . . .

●

bei dieser ganz besonderer Form des Wanderns . . . fließt auch Lebensatem . . . Hauch für Hauch . . . in Körper . . . Seele . . . Geist

51

... in deine Innenwelt ... auch das ist ein guter Weg ... ganz bewußt zu atmen ... ein anderer ist zu spüren ... die Sehnsucht deines Herzens ... stets ist sie bereit ... sich ganz zu öffnen ... sich zu verschenken ... Gegensätze zu vereinen ... und ... so wandere du träumend ... durch die Landschaft deiner Seele ... durch deine Seelenräume ... um Verschlossenes zu öffnen ... Schleier für Schleier ... um Verlorenes ... Vergessenes wieder zu finden ... in deiner Innenwelt ... was war es nur ...

●

doch in uns begegnen sich so viele Kräfte ... die sich mitunter wirr bestreiten ... so manches Mal zersplittert uns das Leben ... Antworten schwanken hin ... und ... her ... doch ... wenn sie stimmig sind ..dann ... schmecken sie ... wie ein Kuß auf volle Lippen ... das sind dann Glückssekunden ... wenn Fragen Antwort finden ... und ... dein Gefühl sagt „ja" ...

●

du weißt ... nie beginnst du ganz von vorn ... niemals landest du im Nichts ... deine Seele muß nur erst zu Kräften kommen ... um sich wohlig zu entfalten ... für Minuten ... oder Stunden kann dann ... Helligkeit ... und ... Staunen Einzug halten ....

●

trotzdem ... so viel Gefährdung ... so viel Bedrohung ... doch mitunter ... schenkt uns das Leben eine Kette ... eine Kette ... voll Berührung ... Perlen der Behütung reihen sich aneinander ... natürlich Abstände dazwischen ... doch nicht zu weit ... Purzelbäume kann die Seele schlagen ... gibst du ihr Rationen voller Zuversicht ...

●

nie wissen wir . . . wie weit sich unser Lebensbogen spannt . . .
wie viele Stunden . . . Tage uns noch bleiben . . . am besten sind
wohl . . . die handverlesenen . .die mit Liebe geernteten Tage . . .
Tage voller Taschen . . . Tage voller Netze . . . du . . . ein Fischer
des Lebens . . . mal scheint ein Tag sich ins Unendliche zu strek-
ken . . . mal schnurrt er sich . . . in einem Nu zusammen . . .

●

manche Tage rollen ab wie eine Jalousie . . . .keine Zeit für Seele
. . . Hände . . . Stimmen . . . Worte . . . Zeit krümmt sich . . . wird
borstig wie ein Igel . . . das Lebenspendel . . . es schlägt hin . . . und
. . . her . . . du faßt es nicht . . . mal kann sich ein Tag verlaufen
wie ein Rinnsal . . . das froh beginnt zu leben . . . dann wieder mal
. . . ein Brüten . . . und . . . Lasten der Zeit . . .

●

ein guter Morgen kann wie ein Flaum der Freude sein . . . denn
dann . . . bist du noch im Gutem . . . bist du auf sicherem Grund
. . . dann . . . kannst du dich spüren lassen . . . nichts davon ist
wahr . . . was Freude verneint . . . dann . . . kannst du dich abge-
ben . . . in aller Ruhe . . . in gute Hände . . .

●

was davon bleibt . . . magst du dich fragen . . . ein Muschelhaufen
. . . ein Feldblumenstrauß . . . selber gepflückt . . . auch handver-
lesen . . . das Tier . . . das dich freudig begrüßt . . . dann . . . wenn
die Arbeit für heute getan ist . . . und . . . der Tag . . . sich abends
friedlich zusammen rollt . . . dies läßt dein Gehirn vor Zufriedenheit summen . . . alles hat dann Überfluß . . . und . . . kann in
die Scheunen deines Bewußtseins eingefahren werden . . . Farben
. . . Antlitze . . . Blumen . . . Düfte . . . dann tanzen deine Sinne . . .
und . . . Freude reißt die Horizonte auf . . .

●

wenn in der Traumnacht alles schweigt . . . und . . . die Stille Ein-
laß findet . . . dann kann ein gelbes Kornfeld in dir wachsen . . .
die Seele verschwimmt so nicht im Alltagsnebel . . . der Wind . . .
der Wind . . . treibt sie dem nächsten Morgen . . . dem nächsten
Schleier . . . dem neuen Vorhang zu . . . es gibt doch immer einen
nächsten . . . wenn du weiter Türen öffnest . . . und . . . dich dabei von mir fragen läßt . . .:

Wieviel Zeit bleibt mir für ein Leben ganz nach meiner Art?

Teil V:
Energiequellen erschließen

Die Naturelemente

„Natur! Wir sind von ihr umgeben und umschlungen – unvermögend, aus ihr herauszutreten, unvermögend, tiefer in sie hineinzukommen. Wer leben mitten in ihr und sind ihr Fremde. Sie spricht unaufhörlich mit uns und verrät uns ihr Geheimnis nicht. Wir wirken beständig auf sie und haben doch keine Gewalt über sie . . . Sie verbirgt sich in tausend Namen und Themen und ist immer dieselbe." So schreibt Goethe in seinem „Fragment über die Natur."

Natur ist die schöpferische Kraft, die unaufhörlich die Vielzahl der irdischen Lebewesen erzeugt. Auch der Mensch ist in sie eingebettet. Er lebt nicht nur in ihr, sondern auch sie lebt und wirkt in ihm.

Die Naturlandschaft wird – wie oben gesehen – wesentlich geprägt durch die vier Elemente Erde, Wasser, Luft und Feuer. Die Erde und ihre Lebewesen, die Gestirne und die Gesetze aus dem Kosmos, die sich in ihnen zeigen, die Kreisläufe der Jahreszeiten, Nacht und Tag, Wachstum und Fruchtbarkeit, die Berge, Wälder, und Wiesen, Seen und Flüsse, Pflanzen, Tiere und Menschen, die wirklichen Dinge sind es, in denen sich das Heilige zeigt. Seele und Geist, die alles durchdringen, leben in der Natur und den Dingen selbst. Sie zeigen sich uns in all ihrer Vielfalt in den Gestalten der Götter und Geister, Elementarwesen und Urkräfte, die überall in der Natur gegenwärtig und eins mit ihr sind.

Wer mit offenen Augen durch die Natur geht, kann manchmal ganz spontane, mystische Erlebnisse haben. Urplötzlich wird die Welt seltsam durchsichtig, klar und wie von etwas Geheimnisvollen durchdrungen.

Wir beginnen wohl am besten dort, wo wir einen unmittelbaren Kontakt mit dem Boden haben.

Das Element Erde

Naturvölker verehren die Erde als natürlich-göttliche Mutter allen Lebens und damit zugleich der Natur. Der Planet und die Göttin Erde sind eins, oder bildhaft gesprochen, der Planet ist der Körper, die Göttin der Geist der Erde. Sie wird in vielen heidnischen Religionen verehrt, mit vielen Namen und in vielerlei Gestalten. Aus der Erde sind wir hervorgegangen, die Erde ernährt uns, in die Erde kehren wir wieder zurück. Sie ist zugleich Lebensspenderin, Ernährerin und Todbringerin.

Als Mutter allen Lebens schließen wir Menschen die Erde in alle unsere Riten ein. Am liebsten feiern wir – in warmen Jahreszeiten – im Freien, direkt auf der Erde. Die Erde ist sowohl der Bereich des Unterbewußtseins als auch der Ursprung alles Körperhaften. Hier ist die Wiege alles Sichtbaren, das uns umgibt, ob belebt oder unbelebt.

Je tiefer wir in die Erde vorstoßen, in desto tiefere Bereiche des Unterbewußten dringen wir ein. Ebenso finden wir in der Tiefe der Erde alles, was unserer Vergangenheit entstammt. Mit Sicherheit stoßen wir auf Steine.

Steine

Die „Bausubstanzen" der Erde sind vor allem Sand und Steine, wobei die Steine letztlich aus komprimiertem Sand bestehen. Steine, Felsen und Berge repräsentieren in allen Kulturen das Dauerhafte, Beständige, das, was Sicherheit verkörpert.

Der Stein bleibt immer er selbst, er verändert sich kaum und frappiert den Menschen durch das Unabänderliche und Absolute seines Wesens.

Bedeutsam neben seiner Unveränderlichkeit ist seine Härte, Farb- und Formenvielfalt. Aus der Verbindung des Steines mit der Zeit erwuchs wohl auch seine Verbindung zu Tod und Sterben. So wurde er schon immer, bis auf den heutigen Tag, als ein die Zeit überdauernder Mahner des Vergangenen errichtet. Selbst zeitlos, wird der Stein zum Zeiger der Zeit. Der Grabstein ist ein allgegenwärtiges Symbol dieser Verbindung auf unseren Friedhöfen. Hier zeigt sich die Vorstellung, daß etwas Ewiges im Verstorbenen verbleibt, das im Stein zum Symbol wird. Die Germanen glaubten, daß die Seelen der Toten in ihren Grabsteinen weiterlebten. Auch die australischen Ureinwohner halten bis auf den heutigen Tag daran fest, daß Steine die Geister der Toten enthalten. In Indonesien werden Steine als heilig betrachtet, weil sie den Ahnen als Wohnsitz dienen.

Steine bestehen letztlich aus Kristallen. Kristalle wachsen jeweils nach einem perfekten Bauplan. Von den Milliarden Schneekristallen, die die Schneeflocken eines Schneegestöbers bilden, ist kein einziges mit einem anderen identisch. Allen gemeinsam ist jedoch ihre perfekte Form, die selbst mit den heute zur Verfügung stehenden enormen technischen Mitteln durch uns so nicht herstellbar wäre. Die hier spontan von der Natur produzierten Maße: Geordnetheit und Vielfalt sind die grundlegenden Qualitäten, in der sich die Schöpfung ausdrückt.

Es verwundert deshalb nicht, daß diesen wunderschönen bizarren Formen der Natur auch bereits seit frühesten Zeiten „bezaubernde" Eigenschaften zugeschrieben wurden.

Kein anderes Phänomen aus dem Mineralreich hat in der Geschichte der Menschheit wohl ein solch gewichtiges Interesse hervorgerufen wie die Beobachtung kristalliner Formen in der Natur. *Steiner* bezeichnete die Edelsteine als Sinnesorgane höherer geistiger Wesenheitem. Aus diesem Grunde wurden die Räume der Kapellen, die Schreine der Reliquien und das Altargerät auch reichlich mit diesen „Augen Gottes" versehen. Der Stein am Ring von Priestern und Königen, die Edelsteine in ihren Kronen sowie die Kristalle an ihren Gewändern waren ein äußeres Zeichen dafür, daß sie in ständigem Kontakt mit geistigen Mächten standen.

Eine neue Beziehung profanerer Natur trat dann in der Antike zunehmend in Erscheinung. Hier beschäftigte man sich mit den Kristallen auf mehr analytischer Grundlage.

Besondere Aufmerksamkeit fanden hier die fünf „Platonischen Körper", die aufgrund ihrer Vollkommenheit in der Struktur besonders auffallen: Tetraeder (4), Hexaeder (6), Oktaeder (8), Pentagondokaeder (15) und der Isokaeder (20 Flächen). Besonders diese, aber auch alle anderen Kristallformen machen klar, daß dem gesamten Schöpfungsplan eine ordnende Kraft zugrunde liegen muß. Schon die antiken Mathematiker waren in der Lage, aus den hier gefundenen Beziehungen die gesamte moderne Mathematik in ihren Grundzügen abzuleiten.

Symbolisch gesehen kommt im Stein zum Ausdruck, was sich als Grundzüge unseres Wesens herauskristallisieren läßt, wenn man alles Nebensächliche und Unwesentliche vernachlässigt. Gleichzeitig zeigt der Stein aber auch die innere Kraft des Geistes an und steht gelegentlich für unsere klaren Vorstellungen, die wir von Zusammenhängen, anderen Menschen, Objekten oder von uns selbst haben.

Wie wir oben gesehen haben, ist selbst der Stein keine tote Materie. Er verfügt zwar sicherlich über kein Bewußtsein, doch ist er – wie der Mensch – auch einem bestimmten Lebenszyklus unterworfen. Auch der Stein kennt Geburt und Alter.

In der folgenden Phantasiereise mit dem Titel „Denkmal" gebe ich dir die Gelegenheit, dir selber einen Stein für dein bislang gelebtes Leben, einen besonderen Stein für deine Vergangenheit zu setzen. Mögest du in ihm alles das aufbewahren, was du von der Vergangenheit in deine Zukunft mitnehmen möchtest.

Denkmal

Stelle dir vor . . .

du befindest dich in einer Landschaft . . . ganz nach deiner Wahl . . . einer Landschaft . . . die du kennst . . . oder . . . die dein Unbewußtes nach . . . und . . . nach . . . für dich gestaltet.

●

Und nun . . . bitte bleibe stehen . . . vor dir befindet sich ein Stein . . . und . . . wenn du näher trittst . . . so kannst du dich sehen lassen . . . daß in den Stein dein Name eingemeißelt ist . . . dein

Name ... so ... wie du dich nennst ... er soll Dein Stein sein ... nur für dich gemeißelt ... und ... gesetzt ... ein Denkmal für dein Leben ... ein Denkmal für alles das ... was du bislang erlebtest ... der Stein kann groß ... kann klein sein ... ob hart ... ob weich ... auf einem Sockel stehen ... oder ... auf der Erde ... es kann eine Skulptur sein ... oder ... unbehauen ... alles ... wie ... und ... was du möchtest ... auch seine Farbe kannst du wählen ... gehe einfach um den Stein herum ... nimm Kontakt mit deinen Händen auf ... und ... prüfe ... wie er sich anfühlt.

●

Du weißt ... der Stein bewahrt alles auf ... trägt alles in sich ... verschließt sein Wissen ... und ... gibt es nur dem Menschen preis ... der sich mit ihm beschäftigt ... und nun ... wenn ihr euch berührt habt ... und ... Verbundenheit empfandet ... werde einen Moment zu deinem Stein, zu deinem Denkmal.

●

Was immer du erlebtest ... ahntest ... fühltest ... laß es nun für diesen Augenblick verblassen ... der Stein ist Stein ... und du ... bist wieder Mensch ... doch ... wenn du möchtest ... bearbeite nun den Stein mit einem Meißel ... so ... daß er die Gestalt annehmen kann ... wie du sein wirst ... in der Zukunft ... gib ihm die Größe ... Figur ... und ... Form ... und ... auch die Farbe ... die du meinst ... so ... wie du werden möchtest.

●

Und nun ... bitte nimm noch einmal seine Form an ... seine veränderte Gestalt ... sein Wesen ... alles das ... was du noch leben ... und ... zum Vorschein bringen möchtest ... prüfe auch ... wie du dich fühlst ... und ... achte auf deine guten Absichten ... du weißt ... er wird noch lange sein ... so ... wie du ihn gestaltet hast ... gib bitte acht auf ihn ... denn er ist Hüter ... und ... Bewahrer ... und ... kann auch ein Beschützer für dein Leben sein.

●

Und . . . was immer du erlebtest . . . fühltest . . . ahntest . . . laß es nun . . . für diesen Augenblick verblassen . . . der Stein ist Stein . . . und . . . du bist wieder Mensch.

Und . . . noch ein letztes . . . wenn du möchtest . . . meißele doch noch eine Inschrift in dein neues Denkmal . . . etwas . . . was dein Leben prägen soll . . . dein Stein ist dafür gut geeignet . . . er bleibt ganz stumm . . . und . . . wird nichts . . . und . . . niemanden verraten.

Eine weitere Phantasiereise, die sich mit „den Augen Gottes"; den Edelsteinen beschäftigt, finden Sie weiter unten. Auch andere Lebewesen kann man getrost mit bunten Edelsteinen vergleichen. Ich meine damit Blumen.

Blumen: Geschöpfe der Erde

In den Blumen lassen sich nahezu alle Farben und Symbole unserer Welt finden. So versinnbildlichen das Weiß Leben und Tod, das Rot Blut, Schmerz, aber auch Liebe, und das Blau die Phantasie, das Geheimnis und den Traum.

Als königliche Blume nimmt die Rose in unseren Gärten und Parks einen Ehrenplatz ein. Ihr dreifacher Reiz von Farbe, Form und Duft bezaubert uns jedes Jahr aufs neue. In Liedern, Gedichten und Erzählungen erkennen wie ihre besondere Stellung in der Literatur. Sie ist die in der Blumensymbolik bei weitem am häufigsten verwendete Blume. Dabei bildet sie das Symbol für Liebe, Schönheit, Eleganz und Pracht. Ihre Blüten, aber auch ihre Früchte (Hagebutte) bilden zusammen mit den wohlgeformten Blättern eine wundervolle harmonische Einheit.

Durch die nächste Phantasieübung „*Die Öffnung der Rose*" möchte ich dich in Kontakt bringen mit den feinstofflichen Substanzen und der ganz anders gearteten Intelligenz einer Pflanze. Bitte fühle dich in sie hinein. Vielleicht kannst du für Augenblicke sogar zu ihr werden, dein ganzes Wesen öffnen, deine in dir schlummernden Blütenknospen entfalten, sie dem Himmel und der Sonne entgegenstrecken.

Die Öffnung der Rose

Nun stelle dir eine Rose vor ... ihre Farbe kannst du selber wählen ... dann ... schaue sie dir in ihrer Ganzheit an ... den Stengel ... ihre Blätter ... und ... die Blütenknospe ... stelle sie dir zunächst geschlossen vor ... und ... eingehüllt vom grünen Kelch.

●

Dann ... beuge dich hinunter ... und ... streife ganz sanft ... mit einer deiner Hände ... über ihre Blätter ... und ... rieche ihren Rosenduft.

●

Setze dich bitte hin ... und ... schaue zu ... wie sie im vollen Tageslicht ... die Blüten öffnet ... und ... sich dem Sonnenlicht entgegen streckt ... und ... bitte...gib dir Zeit dafür ... sie öffnend zu erleben.

● **Die Rose öffnet sich ...**

stolz steht sie da ... in ihrer vollen Blütenpracht ... ein Edelstein der Erde ... ihr Duft ist wie ein Streicheln deiner Seele ... du weißt ... auch du kannst Rose sein ... zur

● **Rose werden**

Auch du kannst deine Blüten öffnen ... zum Licht dich strecken ... zur Mitte werden ... und ... deine ganze Pracht entfalten ... ganz konzentriert ... und ... in dem Rhythmus ... der dir eigen

61

ist . . . ich wünsche dir . . . du kannst das weite Öffnen deiner Blüten . . . dir zum Erlebnis werden lassen.

Und nun . . . sei wieder Mensch . . . und bitte . . . wiederhole diese Übung . . . diese Öffnung . . . noch einmal . . . .ganz langsam . . . mit Genuß . . . und . . . stelle dir vor . . . aus deiner Mitte . . . wächst ein Verlangen . . . sich auszurollen . . . sich auszubreiten . . . sich auszuleben . . . das Gefühl zu haben . . . im vollen Saft zu stehen . . . wann immer du nur magst.

Geschöpfe der Erde: Tiere

Es spricht vieles dafür, daß Menschen, die mit Tieren zusammenleben, älter werden, gesünder und zufriedener leben.

Im Spiegel der Naturreligionen genießen Tiere große Bedeutung, denn sie stehen als individuell-persönliche Wesen dem Menschen am nächsten. Wir haben viele Eigenschaften mit ihnen gemeinsam und können in ihnen bestimmte Züge unseres eigenen Wesens erkennen.

Im Spiegel der Tiere zeigte sich unseren frühesten Vorfahren die Göttlichkeit der Natur, die sie sonst nur ahnen konnten, erstmals in klarer, verstehbarer Gestalt. So empfanden sie in diesen verwandten Wesen möglicherweise auch die angeborene Göttlichkeit ihres eigenen Selbst. Die Götter erschienen zumeist in Tiergestalt. Sie offenbarten ihr Wesen beispielhaft in den Eigenschaften einiger Tierarten, die ihnen wesensverwandt waren.

Da für Menschen, die in Naturreligionen aufwuchsen, das Göttliche überall in der Natur anzutreffen war, konnte prinzipiell jedes Tier ein heiliges sein.

Im Schamanismus wurden manche Tiergeister als „Krafttiere" bezeichnet. Diese sollen imstande sein, die physischen, psychischen und geistigen, auch magischen Kräfte eines Menschen zu unterstützen, wenn er auf die „richtige" Art Kontakt mit ihnen aufnimmt. Man muß diese Tiere allerdings gut kennen und einen besonderen Umgang mit ihnen pflegen, um zu wissen, welche Kräfte sie wirklich in sich tragen und weitergeben können. In den meisten Fällen sind es Wildtiere, deren Geist sich als „Krafttier" des jeweiligen Menschen zu erkennen gibt.

Ein Krafttier ist in diesem Sinne eine Art Hilfsgeist, einem Schutzengel vergleichbar. Bei vielen Naturvölkern sah man es so, daß Familie und Einzelpersonen mit einem bestimmten Tier verwandt waren. Dieses Tier stellte ihnen seine Kraft, Geschicklichkeit und Weisheit zur Verfügung.

Krafttiere waren ihnen Boten der „Anderswelt" oder des kollektiven Unbewußten, wie man heute sagt. Sie waren und sind bei „modernen" Schamanen auch noch heute Vermittler zwischen unserer alltäglichen Realität und dem, was die australischen Ureinwohner „Traumzeit" nennen.

In diesem Glauben kann ein Krafttier von sich aus mit dem Menschen Kontakt aufnehmen, mit dem er sich besonders eng verbunden fühlt.

Heutzutage finden sich solche Krafttiere vor allem in Bilderbüchern, auf Münzen, Briefmarken, Wappen und Flaggen.

Nachfolgend kannst du die Phantasieübung „*Das Krafttier*" erleben. Ich möchte dich dazu ermuntern, dich dein ganz persönliches Krafttier finden zu lassen. Falls diese Begegnung Eindruck auf dich machen sollte, könnte dieses Krafttier vielleicht zu einem Begleiter auf deinem weiteren Lebensweg werden. Vielleicht kann es dich auch in den folgenden Phantasiereisen von Zeit zu Zeit begleiten und beschützen.

Das Krafttier

Stelle dir vor . . .

es ist eine Sommernacht . . . ein Vollmond steht am Himmel . . . die Nacht ist hell wie selten nur . . . du bist noch auf . . . und . . . gehst nach draußen . . . da ist ein Weg . . . er führt dich fort . . . bis du vertraute Häuser . . . Straßen . . . Menschen . . . hinter dir gelassen hast . . . der Weg geleitet dich an einen See . . . es wirkt fast so . . . als ob der Mond auf seinem stillen Wasser schläft . . . ein großer Baum hängt in den See . . . in seinem schweigenden Gewand . . . vertieft er noch die Stille . . . und du . . . du kannst dich bitte spüren . . . und . . . erleben lassen . . . wie du am Ufer kniest . . . und . . . in den See . . . und so . . . in seinen Spiegel blickst . . . dein Gesicht liegt vor dir . . . wie schaut es dich an . . .

●

ein leichter Windhauch ist zu spüren . . . das Wasser kräuselt sich . . . dein Bild verschwimmt . . . dann ist wieder Ruhe . . . aus tiefen Seelenschichten will sich ein anderes Bild entwickeln . . . zunächst nur Ahnung . . . dann Gefühl . . . aus Schatten . . . und . . . Konturen . . . entsteht ein neues Bild . . . ein Tier schaut dich ganz unvermittelt an . . . laß es dein Krafttier werden . . . ob Adler . . . Pferd . . . ob Bär . . . es kann ein Tier sein . . . ganz nach deiner Art . . . eines . . . das dir Kraft verleiht.

●

Und . . . was du auch gesehen . . . gefühlt . . . erlebt hast . . . spüre . . . wie ihr verbunden seid . . . das bist nicht du . . . es ist ein Teil von dir . . . neben vielen anderen Teilen . . . du weißt . . . wir alle stammen von den Tieren ab . . . und . . . tragen sie als Bild noch in uns . . . ein Teil unserer Vergangenheit . . . Instinkt . . . Lebendigkeit . . . uralte Weisheit . . . die in uns wohnen . . . noch heute kannst du daraus lernen . . . schöpfe das Bild mit deinen Händen aus dem Wasser . . .

●

und . . . laß es wieder auferstehen . . . es ist nun neben dir . . . die Phantasie macht all das möglich . . . was der Verstand zu denken sich nicht traut . . . denn . . . unsere Seele . . . sie drückt sich in Bildern aus . . . und nun . . . spreche mit dem Tier . . . welche Gestalt es auch auf Erden angenommen hat . . . die Bildersprache wird es gut verstehen und befrage es nach deinem Leben.

Was immer du gesehen ... gefühlt ... erlebt hast ... laß es für dieses Mal verblassen ... die Nacht neigt sich dem Ende zu ... bevor der Tag beginnt ... und ... der Mond sich neigt ... muß dein Krafttier als Spiegel in den See zurück ... es verliert ansonsten zu viel Energie.

Vom Ufer aus ... schaue es dir noch einmal an ... und ... wünsche dir dabei ... es kann dir neue Kräfte geben ... du spürst ... es ist in dir ... eigentlich nicht immer schon?

Öffnungen der Erde: Höhlen und Grotten

Höhlen und Grotten sind unterirdische Behausungen. Sie sind Gebilde der Natur und stehen symbolisch für Instinkte und triebhafte Seiten des Menschen. Sie galten in machen früheren Kulturen als Schoß der „Mutter Erde".

Tiere ziehen sich in sie zurück und suchen Schutz und Geborgenheit. Bis in heutige Zeiten leben oder verstecken sich dort Menschen vor fremder Gewalt und Aggression. Sie sind Kraftorte und heilige Plätze ganz besonderer Art. Die ältesten menschlichen Spuren lassen sich immer wieder gerade in Höhlen und Grotten finden. Felsbilder und Höhlenmalereien sind an vielen Orten der Welt bekannt und legen Zeugnis ab von Sitten und Gebräuchen, von Gottesverehrung sowie vom Leben und Sterben jener Zeit. Wir wissen nicht, aus welchen Gründen der Mensch vor Tausenden von Jahren damit begann, Gegenstände seiner Lebenswelt in Bildern an den Wänden der von ihm bewohnten bzw. zu kultischen Zwecken aufgesuchten Höhlen und Grotten zu fixieren. Jedenfalls wagten sich diese Menschen in das Erdinnere, errichteten Kultstätten und schmückten die Felsen mit beschwörenden Tierbildern. So wurde die Höhle auch zum Ort der Meditation und der Zwiesprache mit Gott. Jedenfalls stellen Höhlenbilder wahrscheinlich die erste gestaltende Einflußnahme der Menschen auf ihre Umgebung dar. Möglicherweise sollten sie den Geist von Tieren beschwören und das Jagdglück fördern. Sicher scheint auch, daß das Höhlenbild in der Frühzeit der kulturellen Entwicklung als eine magische Wirklichkeit galt. Jedenfalls waren die ersten von Menschen geschaffenen Bilder und Symbole auf ihre unmittelbare Lebenswirklichkeit bezogen. Wer die Fähigkeit besaß, Höhlenbilder zu schaffen, war somit nicht etwa Künstler, sondern kompetenter Beherrscher der Rituale, der Überlieferung vom Stammesgeheimnissen.

Die Erforschung von Höhlen und Grotten wird von den meisten Menschen doppeldeutig erlebt. Ihre Begehung und Erkundung können vitale Kräfte in uns auslösen. Gleichzeitig stehen sie auch für Erkundung und Neugier, für die Suche nach Geheimnissen, die die Erde in ihrem Schoß für uns bereit hält. Dem Abenteuer des Suchens nach geheimnisvoll Verborgenem steht entgegen die Angst vor dem Dunkel des Unbekannten und Fremden. Wir fürchten, wenn wir in die Tiefen der „Mutter Erde" eindringen, uns dort zu verlieren und keinen Ausweg mehr zu finden.

Deshalb ist es wichtig, bei der Begehung fremder unterirdischer Räume ein befreundetes Tier oder einen kundigen Führer mitzunehmen.

Die folgende Phantasiereise *„Im Schoß der Erde"* führt dich in eine Höhle. Falls es während der Durchführung dieser Reise zu unangenehmen Begleiterscheinungen wie Ängsten kommen sollte, löse dich bitte davon, indem du die Augen aufschlägst und dich zunächst wieder an deiner unmittelbaren Umgebung orientierst. Vielleicht kannst du diese Reise zu einem späteren Zeitpunkt noch einmal unternehmen. Wenn du möchtest, kann dich dein „Krafttier" dorthin begleiten und dir Führung und Schutz anbieten.

Im Schoß der Erde

Stelle dir vor . . .

du befindest dich . . . auf einer Wanderung nach innen . . . du bist
am Ufer eines Flusses entlanggegangen . . . vor dir im Fels . . . tut
sich plötzlich eine Höhle auf . . . der Fluß versickert im Gestein
. . . ein Lichtschein fällt von draußen in die Höhle ein . . . so daß
du . . . nach einer Weile . . . Überblick gewinnen kannst . . . hier
ist es ruhig . . . und still . . . hier kommt der helle Tag nicht hin
. . . nur ein Wasserrauschen aus der Erde . . . summt ganz mono-
ton in deinen Ohren . . . es scheint . . . hier ist ein Ort der Stille
. . . des Rückzugs aus der lauten Welt . . . den du dich hier finden
ließest . . . ein Geheimversteck . . . das du wohl auch in deiner Jugend brauchtest . . . um mit dir allein zu sein . . . ein Ort . . . den
nur du so kanntest . . . du siehst . . . auch in dieser Höhle können
Zeichen . . . und . . . Bilder an den Wänden sein . . . die andere
Menschen . . . weit vor deiner Zeit . . . geschaffen haben . . . setze
dich nun einfach hin . . . und . . . betrachte sie von dieser Stelle
aus . . . vielleicht haben sie . . . so alt sie sind . . . doch auch mit
dir zu tun . . . mit deinem Leben . . . deinem Geheimnis . . . in der
Welt zu sein . . .

und . . . wenn du meinst . . . für dieses Mal ist es genug . . . dann
stelle dir . . . an diesem Rückzugsort . . . doch einfach vor . . . dein
ganzer Körper . . . deine Seele . . . und . . . dein Geist . . . alles das
. . . was dich ausmacht . . . kann eine

● **Höhle**

sein . . . male dir ganz plastisch aus . . . wie sie in dir Raum ein-
nimmt ..so . . . daß du bald wie eine Höhle bist . . . ganz friedlich
. . . im ruhigen Dämmerlicht . . . vielleicht klingt das Wasserrauschen in dir nach . . . und bitte ruhe dich nun aus in deiner Höhle

... wie war es noch ... im Mutterleib ... so kannst du auch in diesem Schoß der Erde ... ganz bequem verweilen ... und ... einfach gar nichts tun ... als nur in dich hineinzulauschen ... in dein Höhlenwesen.

● **Du bist die Höhle ...**

um hier etwas einzusammeln ... was du ganz passiv ... versunken in dich selbst ... mit offenen Händen ... ganz passiv empfangen kannst ... nämlich ... lernen ... in einer so bequemen Haltung ... Stille ... und ... Abgeschiedenheit zu genießen ... wobei das monotone Rauschen helfen kann.

●

Und nun ... laß Höhle Höhle sein ... sei wieder du ... und ... wenn du wieder einmal Rückzug ... und ... Besinnung brauchst ... kannst du die laute ... bunte Welt ... einfach da draußen lassen ... und ... selbst zur Höhle werden ... du kannst an diesem Rückzugsort ... auch selber Höhlenbilder malen ... von diesem tiefen Platz aus ... malen sich Bilder von der Welt ... und ... deinem Sein in ihr ... fast wie von allein.

Grotten

Grotten sind ebenfalls Öffnungen im Schoß der Erde. Im Vergleich zu Höhlen verbinden wir Grotten eher mit angenehmen Qualitäten. In der Natur treffen wir Fels-, Wald- und Wassergrotten an. Keltischen Sagen zufolge leben Elfenvölker im Wald und haben sich vorzugsweise Grotten als Behausungen ausgesucht. In eine solche Elfengrotte möchte dich die nächste Reise entführen.

Elfengrotte

Setze dich . . . oder . . . lege dich hin . . . ganz . . . wie du es wünschst . . . und . . . gib dir bitte die Erlaubnis . . . dich wohl zu fühlen . . . und . . . probiere einfach aus . . . wie du vielleicht noch besser sitzen . . . oder . . . liegen kannst auf deiner Unterlage . . . und . . . mache deine letzten Bewegungen bitte jetzt . . .

•

du weißt . . . jeder hat seine eigene Art loszulassen . . . seine eigene Art . . . in sich zugehen . . . und . . . du weißt auch . . . daß du gar nichts dafür zu tun brauchst . . . du brauchst noch nicht einmal zu atmen . . . es atmet dich von ganz alleine . . . vor allem dann . . . wenn du tiefer gehen möchtest . . . ich wünsche dir . . . daß du dir einfach die Erlaubnis geben kannst . . . eine gute Zeit . . . nur für dich . . . zu haben . . . eine Zeit des Wohlbehagens . . . eine Zeit der Ruhe . . . wenn du dich spüren läßt . . . wie du einsinkst in deine Unterlage . . . wie du mit jedem Nachgeben . . . mit jedem Tiefersinken noch einmal die Augen schließen kannst und . . . dich träumen läßt . . . wie du sinkst . . . und . . . sinkst . . . und sinkst . . . und . . . mit jedem Sinken . . . mit jedem Nachgeben . . . dich einfach . . . anders . . . dich einfach . . . kleiner anfühlen kannst . . . und . . . diese vertikale Bewegung des Sinkens ganz sacht . . . und . . . unmerklich in eine feine . . . kleine Schaukelbewegung übergehen kann . . . so wie du als kleines Kind geschaukelt wurdest . . . wie ein sanfter Wind . . . der damit beginnt . . . die Stille des Tages zu bewegen . . . und . . . dem Herz dadurch erlaubt . . . weicher zu werden . . . und . . . in deiner anderen Gestalt . . . der weite Teil deines Wesens aufgeht . . . und . . . sich dadurch eine tiefere Ebene des Bewußtsein ausbreiten kann . . . mit jedem Nachgeben . . . mit jedem Kleinerwerden . . . mit Leichtigkeit . . . und . . . erlaubt dir dadurch . . . zu beobachten . . . wie jede Spannung sich einfach auflöst . . . so . . . daß du deiner Einzigartigkeit gestatten kannst . . . ein gutes Gefühl für dich zu haben . . . wenn du dich spüren läßt . . . wie du in dem Kelch eines Seerosenblattes treibst . . . und . . . in ihm aufwachst . . . in einer lauen Mittsommernacht . . . auf einem See . . . der sich im vollen Mondschein vom Wald abhebt . . . und . . . in deiner feinen Schaukelbewegung . . . kannst du sehen . . . wie dich drei Elfen begleiten . . . und . . . dein Seerosenblatt über den See ziehen . . . und . . . dir mit freudigen Elfenhänden zuwinken . . . du weißt . . . an diesem Ort . . . bist du ganz geborgen . . . du kannst dich einfach anvertrauen . . . und . . . schon damit beginnen . . . diese feine Schaukelbewegung . . . die das Wasser mit dir macht . . . zu genießen . . . und . . . dabei unmerklich auf ein Ziel zutreiben . . . auf einen purpurnen Schein . . . der das Wasser übergießt . . . und . . . bald erkennst du . . . es ist ein Wasserfall aus purpurrotem Licht . . . und . . . wenn du unter ihm angekommen bist . . . rahmt dich diese Purpurfarbe ein . . . dein Gefährt bleibt hier einfach eine kleine Weile stehen . . . ich wünsche dir . . . diese Pause kann dir zum Erlebnis werden . . .

•

und . . . weiter geht die Reise . . . der so still und ruhig unter dir liegt . . . so . . . daß du meinst . . . den Grund schauen zu können . . . der dich hierher führt . . . wenn dein kleines Seerosenboot dich noch tiefer mitnimmt . . . und . . . du hinter dem Wasserfall aus Purpurlicht . . . gleich vor einer steilen Felswand angekommen bist . . . wo die Elfen . . . dich ganz sicher . . . durch eine Felsöffnung geleiten . . . und . . . hast du auch diese Schwelle überschritten . . . befindest du dich in der

• Elfengrotte

Das Wasser liegt dort unberührt . . . und . . . du . . . ganz in dir selber ruhend . . . und . . . ganz mit Purpur übergossen . . . bist nun an einem Ort . . . der es dir erlaubt . . . in Körper . . . Seele . . . und Verstand zu blicken . . . um . . . dort die neue Kunst zu lernen . . . die Kunst

• sich einfach wohl zu fühlen und gut für sich zu sorgen . . .

und . . . wie es sich wohl anfühlen mag . . . mit sich selbst im reinen . . . und . . . dabei ganz hellwach zu sein . . . mit allen deinen Sinnen . . . so . . . daß du siehst . . . wie eine ganz besondere Elfe . . . auf einem kleinen Thron sitzt . . . und . . . dich lächelnd anschaut . . . und nun . . . ganz anmutig zu dir schwebt . . . zu deinem Seerosenblatt . . . und . . . sich zu dir setzt . . . in gleicher Größe . . . du weißt . . . dies ist ein besonderer Ort . . . wo du vielleicht noch tiefer gehen kannst . . . wie vielleicht schon lange nicht . . . und . . . du weißt . . . an diesem Ort . . . kann so vieles möglich sein . . . du kannst drei Fragen richten an die Elfenkönigin . . . sie ist es nämlich . . . vielleicht . . . was du tun kannst . . . bei einer bestimmten körperlichen Schwierigkeit . . . oder . . . einer Angewohnheit . . . die dich stört an dir . . . oder . . . zu einem bestimmten Problem . . . was du nicht lösen kannst . . . du kannst ihr Fragen stellen . . . und . . . bitte achte auf die Antworten in dir . . .

●
●
●

und nun . . . was immer du auch erlebt hast . . . laß dich bitte spüren . . . und . . . genießen . . .

● **Sie glättet dir die Sorgenfalten auf deiner Stirn.**
● **Sie schärft deinen Verstand mit Elfentau, nur für dich eingesammelt am frühen Morgen.**
● **Sie poliert den Spiegel deines Herzens.**

Bedanke dich nun bei der Elfenkönigin . . . vielleicht schenkt sie dir zum Abschied etwas . . . und . . . du läßt einen Teil von dir . . . für sie . . . zum Dank zurück . . .

●

und nun . . . richte deinen Blick nach vorn . . . der Purpurwasserfall ist jetzt ganz weiß geworden . . . diese Farbe sorgt für Klarheit . . . auch hier bleibt dein kleines Boot noch eine Weile stehen . . . genieße auch noch diese Farbe . . .

•

bist du am Ufer angekommen . . . so atme wieder Menschenluft
. . . und . . . danke noch den Elfen für die Hilfe . . . mit jedem Luftstrom . . . der durch deinen Körper weht . . . kannst du nun wieder größer werden . . . mit jedem Atmen wächst deine Gestalt . . .
bis du die Größe hast . . . die dir entspricht . . .

•

fasse deinen Körper an . . . am besten wohl die Beine . . . und . . .
komme dann zurück . . . in diesen Raum.

Element Wasser

Wasser ist der Puls unseres Lebens. Wenn wir uns gut oder nicht
wohl fühlen, wenden wir uns gern dem Wasser zu. Wir trinken es,
schwimmen in ihm, reinigen uns, reisen ihm zu weiten Meeres-
stränden nach und lauschen seinem beruhigenden Wellenschlag.
Der gegenwärtige „Wellness"-Boom baut ganz wesentlich auf die
Heilungskraft des Wassers. Eigentlich müßte unser Planet „Erde"
Wasser heißen, da er zu ungefähr drei Vierteln aus ihm besteht.
Aus etwa dem gleichen Anteil setzt sich der Mensch aus dem
Element Wasser zusammen. Unser Körper wird im Fruchtwasser
der Mutter geformt und geprägt.

Wasser steht für den Anfang, denn „aller Anfang kommt aus
dem Wasser", sagte schon der altgriechische Philosoph *Thales*.
Das Element Wasser symbolisiert aber auch das Ende. Es nimmt
stets den leichtesten Weg in die Tiefe, ist dabei aber immer beharrlich und läßt sich nicht aufhalten. Es besitzt als Urelement
des Lebens eine herausragende Bedeutung. Es wirkt reinigend
und heilend. Als fließendes Gewässer hat es zahlreiche Dichter,
Musiker und Maler inspiriert. Auch in der heidnischen Natur-
verehrung ist es vor allem das Wasser, das wichtig ist. Es spendet
Leben und ist eng mit der Erde verbunden.

Aus der Antike wissen wir um die Verehrung von Wassergöttern. Poseidon als Beherrscher des Wassers wühlt die Meereswogen auf oder besänftigt und glättet sie. Wassernymphen galten als Sinnbild für Fruchtbarkeit, und die Trionen, halb Mensch, halb Fisch, lenkten die Meerespferde mit dem Wagen des Neptun. *Thales* hielt das Wasser für den Anfang und das Ende aller Dinge. *Heraklit*, ebenfalls ein griechischer Philosoph, umschrieb die Universalität des Wassers in seinem zeitlosen Ausspruch: „Alles fließt." Da Wasser in unaufhörlicher Bewegung ist, symbolisiert es auch die Zeit, Veränderung und Werden.

So wie die Grundaussage des Steines seine Härte und Dauer ist, so ist die des Wassers seine Fähigkeit, Stoffe zu lösen und abzuwaschen, weshalb es schon früh in zahllosen Reinigungsriten Verwendung fand. Dieser auflösende Aspekt bringt das Wasser – wie oben gesehen – in bezug zum Tod, der ja selbst auch das Leben „auflöst". Ist der Tote gewaschen, so kann er sich auf die Reise begeben.

Stehende Gewässer (See, Teich, Tümpel) gelten als Sinnbild der Ruhe und des Weiblichen, fließende (Bach, Fluß, Wasserfall) dagegen als Symbol für Bewegung und des Männlichen.

Im Christentum besitzt das Wasser eine enge Beziehung zum Heiligen, 80 Prozent aller Wallfahrtsstätten Österreichs sind an Plätzen mit heiligen Quellen und Seen gelegen.

Unzählige Wallfahrtsstätten weisen schon in ihrem Namen auf den Wasserkult hin. Diese Heiligkeit des Wassers, die in ihm gespeicherte Energie, kann ebenso wie die des Steins auf die Menschen übergehen.

Daneben gilt das Wasser seit jeher als Lebensspender und Symbol für Fruchtbarkeit. Die Verbindung zum Leben läßt das Wasser auch in Verbindung zur Heilung stehen. Dies lebensschaffende Prinzip des Wassers beruht letztlich auf dieser bereits oben erwähnten auflösenden Eigenschaft. Alles Alte, Verbrauchte, Kranke wird abgewaschen und der Mensch neu geboren. In der Taufe der christlichen Religionen wird dies besonders deutlich.

Als eines der elementaren Symbole ist es zwiespältig, da es einerseits belebt und fruchtbar macht, andererseits auch ein Hinweis auf Versinken und Untergang ist. Im Wasser des Westmeeres geht allabendlich die Sonne unter, um während der Nacht das Totenreich zu erwärmen. Dadurch gerät das Wasser auch in Verbindung mit dem Jenseits. Vielfach werden unterirdische Gewässer mit dem urzeitlichem Chaos, das vom Himmel fallende Regenwasser hingegen mit segensreicher Belebung assoziiert.

Wasserwirbel stellen symbolisch Schwierigkeiten und Umwälzungen dar, ruhig dahin strömende Flüsse dagegen das planmäßig verlaufende Leben.

Bekannt ist der ganze Bereich des Weihwassers im katholischen Bereich.

Weit verbreitet ist die Verehrung jenes Wassers, das direkt aus der Erdtiefe emporströmt und wie ein Geschenk der unterirdischen Götter wirkt – besonders dann, wenn es heiß ist (Thermalwasser) oder infolge seines Mineralgehaltes Heilwirkung besitzt.

Rituelle Bäder sind in vielen Kulturen bekannt. Sie dienten also nicht nur hygienischen Gründen, sondern vor allem einer symbolischen „inneren Reinigung."

Während die Wassertiefe dem weiblichen Element zugeordnet wird, steht der Regenfall dem Männlichen nahe. Das Eintauchen in Wasser hat eine weibliche, das Besprengen eine männliche Symbolik.

Im Bereich der tiefenpsychologischen Symbolkunde wird dem Element Wasser, das zwar lebensnotwendig ist, aber nicht nährt, größte Bedeutung zugemessen als Lebensspender (Kinder kommen aus Teichen oder Brunnen in die Menschenwelt) und Lebenserhalter. Es ist das Grundsymbol aller unbewußten Energie, dadurch auch gefährlich, wenn es durch Überflutungen die ihm gemäßen Grenzen übersteigt. Wenn das Wasser (als Teich, Fluß) an seinem Ort bleibt, kann es dadurch wie in vielen Märchen, Sagen und Mythen zu echtem „Lebenswasser" werden. Die Wassertiefe (Tiefe des Unbewußten) ist dunkel, rätselhaft, unheimlich. Alle diese historischen Zugänge sahen das Wasser als ein von inneren Rhythmen geprägtes Wesen mit eigener Seele.

Wasser ist ein ideales Gleichnis für Leben, denn es zeigt uns exemplarisch, wie vielschichtig, geheimnisvoll und komplex Leben an sich ist. „Seele des Menschen, wie gleichst du dem Wasser" stammt aus einem Gedicht von *Goethe*. Auch wir brauchen

Bewegung, den Fluß, die Dynamik, gleichzeitig aber auch die Weite, die Langsamkeit, die Selbstregulation des inneren Rhythmus, um unsere Lebenskraft zu erhalten und uns neue Energiequellen zu erschließen.

Die Quelle

Sie steht für den Ursprung des Seins. Aus ihr entspringt das Wasser, das irgendwann zum Fluß wird. So gesehen gilt die Quelle als Zeichen der Fruchtbarkeit. Die Quelle strömt unerschöpflich. Immer quillt neues Wasser nach. Es ist völlig ungetrübt und klar – erst später wird es verunreinigt.

Das Symbol „Quelle" knüpft an die ursprüngliche Abhängigkeit des Kindes von der mütterlichen Quelle an. Sie läßt an das Stillen und die umfassende Versorgung des Säuglings denken und reicht bis zu den Quell-Erfahrungen des erwachsenen Menschen, die letztlich bis in das mystische Erleben einer Quelle höheren und geistigen Lebens einmünden kann.

Im Symbol der Quelle ist vieles vereint: die Spontaneität des immer wieder neu aus den Erdschichten ausströmenden Wassers, die Überraschung, die im Auffinden einer neuen Quelle liegt, und die Zuverlässigkeit, daß wir an einem bestimmten Ort immer wieder Wasser finden können; die Gewißheit, daß dies ein Quellort ist – eine Erfahrung, an deren Verläßlichkeit, zum Beispiel in der Wüste, das Überleben vieler Menschen und Tiere hängt. Verläßlichkeit und Spontaneität: Beides vereint sich auf unnachahmliche Weise im Symbol der Quelle.

Ein solches Bildsymbol enthält ungeahnte Hoffnungs- und Erneuerungskräfte, eben Quellelemente, wo immer es in einem Menschen an Bedeutsamkeit gewinnt, sei es nun als Traum in der Phantasie oder als reale Erfahrung.

In vielen Volksbräuchen steht das Quellwasser in Verbindung zur Fruchtbarkeit. Meist wird es getrunken, oder man badet in der heiligen Quelle. Die Verbindung zum Leben läßt die Quelle auch in bezug zur Heilung treten.

Ist die Quelle nicht ein Wunder, ist sie nicht etwas immer Verfügbares, wenn wir auf eine Quelle stoßen, gar auf die Quelle in uns oder auf *das*, was uns in diesem Leben im überpersönlichen Leben Quelle ist?

Das Symbol der Quelle bleibt Ausdruck eines vitalen Bedürfnisses. Ereignisse können die Welt verändern, dieses Symbol hat unverändert Bestand seit den ältesten Zeiten bis in unsere Tage.

In der Phantasiereise „*Wünschelrute*" kannst du dich in einer heißen, kargen Landschaft eine Quelle finden lassen. Sie möge dir Anlaß dafür sein, dein Leben nach Quellen, nach geheimen und bislang verborgenen Schätzen zu untersuchen. Ich glaube, daß wir uns alle unmittelbar über einer wasserreichen Quelle befinden und – bildlich gesprochen – einfach nicht tief genug graben, damit ihr Lebenswasser sprudeln kann.

Wünschelrute

Stelle dir vor . . .

du bist an einem heißen Ort . . . der schon lange ohne Wasser ist . . . sein Boden ist schwarzer Sand.

•

Nimm einfach an . . . du hast noch etwas mitgenommen . . . nämlich eine Wünschelrute . . . mit der du Wasserquellen suchst . . . du ahnst . . . es muß hier Wasser geben . . . du siehst dich durch die Landschaft schreiten . . . mit der Rute in den Händen . . . auch . . . wenn du kein Wünschelrutengänger bist . . . es ist ganz einfach . . . denn . . . wenn sie ausschlägt . . . und . . . nach unten weist . . . so bist die Kraft nicht du . . . sondern eine Botschaft aus dem Erdreich . . . unter deinen Füßen . . . die von ganz alleine gehen . . . so konzentriert bist du . . . das Wasser hat die Kraft . . . du brauchst nur acht zu geben . . . die Mühe kann sich lohnen . . . denn unter der Erde . . . fließen Adern . . . so . . . wie in deinem Körper . . . in denen das Blut der Erde . . . das klare Wasser fließt . . . und . . . strömt . . . und . . . .mitunter braucht es nur Geduld

. . . doch . . . wenn man tiefer geht . . . hat man genug davon . . . nun achte auf die Rute . . . sie bewegt sich . . . hier muß doch etwas sein . . . sie schlägt nach unten aus . . . Hände . . . Arme halten still . . . hier lohnt es . . . nachzusehen . . . den Sand kannst du mit bloßen Händen heben . . . und so . . . eine tiefe Grube graben.

Bald merken deine Hände . . . wie es feuchter wird . . . das Wasser sickert schon . . . und . . . bildet Pfützen . . . und . . . kann dann jäh . . . in blankem Strahl . . . ganz ungestüm . . . nach oben schäumen . . . und . . . laß dich sehen . . . noch besser . . . spüren . . . wie der Quell . . . zu einem Sprudel wird . . . dein Unbewußtes weiß genau . . . daß dieser Zeitpunkt günstig ist . . . frisches weißes Blut der Erde zu empfangen . . . zuerst wohl mit den Händen . . .

und ..laß dich nun auch spüren . . . wie du mit dem klaren Wasser . . . dein Gesicht erfrischst . . . so lange . . . und . . . so intensiv . . . wie du nur möchtest . . . schließlich hast du ihm den Weg geöffnet . . .

und dann . . . schaue . . . zu der linken . . . und . . . zu der rechten Seite . . . wie das Wasser den kargen Boden netzt . . . und . . . sich überall verteilen will . . . du weißt . . . es wird nicht lange dauern . . . bis hier . . . und dort . . . das erste Grün erscheint . . . es wartet nur darauf . . . und . . . wenn die Quelle lange Zeit ihr Wasser spendet . . . so wird es sicher . . . irgendwann hier fruchtbar werden . . . stelle dir dies plastisch vor . . .

setze dich nun an einen Ort . . . der etwas höher liegt . . . so . . . daß du die Quelle jetzt . . . von oben sehen kannst . . . und . . . stelle dir die Frage . . .

- **Bin ich nicht immer schon an der Quelle gewesen?**

Wir graben wohl nicht immer tief genug . . . um Schätze zu befördern . . . da wir manchmal Ziele haben . . . die . . . bei Licht betrachtet . . . ziemlich oberflächlich sind . . . doch hier . . . an diesem Ort . . . kannst du auch Quelle sein . . . zur Quelle werden . . . du kannst dich in sie hineinversetzen . . . dein ganzer Körper . . . deine Seele . . . und . . . dein Geist . . . alles das . . . was dich ausmacht . . . kann zu einer

- **Quelle . . .**

und . . . damit zu einer Seelenlandschaft der Hoffnung werden.

Fluß

Flüsse, Bäche und Ströme sind die Verbindungen von der Quelle bis zum Meer. Sie tragen Tiere, Menschen und deren Güter mit seiner Strömung, die mit wenigen Ausnahmen immer von oben nach unten fließt. Psychologisch betrachtet ist dies der Weg von der Geburt (Quelle) bis zur Auflösung des Lebens im großen Meer. Dabei bewegt sich der natürliche Wasserlauf des Flusses nicht geradlinig vorwärts. Flüsse, Bäche und Rinnsale winden sich oft in schlangenförmigen Linien durch Felder und Böden.

Ein Fluß bedeutet jedoch immer auch ein Hindernis, das sich uns entgegenstellt, war so vor allem zu früheren Zeiten und in Kriegen ein strategisch wichtiger Ort.

„Bunte Welt" ist eine Phantasiereise, die dich mitnimmt auf eine Flußfahrt. Sie möchte dazu beitragen, dein Leben „in gutem Fluß" zu halten, damit Frohsinn, Freude und Begeisterung zu dem „Markenzeichen" deiner Persönlichkeit werden können.

Ist dir nicht so . . . als ob dein Körper in eine warme . . . weiche Decke . . . eingehüllt ist . . . sobald deine Augen geschlossen sind . . . so . . . wie jetzt . . . und . . . du weißt . . . wenn deine Lider deine Augen bedecken . . . daß du ein viel klareres Bild vor ihnen haben kannst . . . so . . . als wenn alle deine Sinne geschärft sind . . . wenn du nach innen schaust . . . immer wieder nach innen . . . immer wieder diese Bewegung . . . gleitend . . . und . . . ruhig . . . und . . . intensiv . . . dorthin . . . wo alles fließender werden kann . . . wie so viele Male schon . . . und . . . hinter deinen Augenlidern alles schwerer wird . . . hat es nicht schon seit einer Weile angefangen . . . und . . . kann es sich nicht im Fluß der Zeit . . . einfach so fortsetzen . . . immer wieder diese Frage . . . und . . . so gleitest du . . . in einer feinen Bewegung . . . durch Raum . . . und . . . Zeit . . . und fragst dich noch nicht einmal . . . wo du wohl sein magst . . . und . . . wieviel Zeit wohl schon verflossen ist . . . und . . . um wieviel mehr du losgelassen hast . . . als alle anderen Male . . . denn . . . was ist die Zeit . . . .die Vergangenheit ist nicht die Gegenwart . . . und . . . die Gegenwart ist nicht die Vergangenheit . . . und . . . was ist der Unterschied . . . zwischen Vergangenheit . . . und . . . Gegenwart . . . und . . . was ist der Unterschied zwischen Wachen . . . und . . . Träumen . . . ein Zwischenraum . . . der angefüllt ist . . . mit Suchen . . . und . . . Finden . . . das vielleicht ein Regen auslösen kann in dir . . . dich einfach weicher werden läßt . . . so . . . wie ein Fluß . . . der ruhig . . . und sicher . . . in seinem Bett dahin strömt . . . und . . . dich . . . auf seine Weise . . . einfach mitnimmt . . . und . . . dich trägt . . . und . . . wo ist sein Anfang . . . und . . . wo sein Ende . . . und . . . wo beginnt deine Unterlage aufzuhören . . . und . . . wo endet dein Körper . . . Bäche können so zusammenfließen . . . und . . . ergeben einen Strom . . . der nichts anderes weiß . . . als fließen . . .

●

und nun... laß dich bitte schauen... wie du auf einem Floß liegst...

schlage bitte deine Decke zurück . . . und spüre . . . wie dein Floß dich sicher trägt . . . es findet seinen eigenen Weg . . . so . . . daß du gar nichts tun brauchst . . . als dich einfach anvertrauen . . . wie du dich vielleicht nur früher . . . als Kind . . . anvertrauen konntest . . . ohne Fragen . . . und . . . Antworten . . . wie im Märchen . . . wo alles einen Lauf nimmt . . . und . . . letztlich doch im Guten endet . . . und nun . . . bitte nimm Anteil an den Formen . . . Farben . . . und . . . der Bewegung um dich herum . . . und . . . fasse deine Kleidung an . . . und . . . deine Haut . . . so . . . daß du auch spüren kannst . . . daß du es bist . . . rechts . . . und . . . links . . . sind Bilder . . . die an dir vorübergleiten . . . eine Landschaft farbig . . . satt . . . Bild . . . für Bild . . . wie eine Kette . . . wo sich eine bunte Glaskugel . . . an die andere reiht . . .

und . . . dein Floß . . . bunte Fahnen der Freude gehißt hat . . . die lustig . . . und ganz übermütig . . . im leichten Winde flattern . . .

an einem Ufer . . . da sind Menschen . . . die dir winken . . . die lachen . . . spielen . . . tanzen . . . und . . . du winkst zurück . . . du siehst in ihre jungen . . . freundlichen Gesichter . . . ein Glänzen ist in ihren Augen . . . ist dir nicht so . . . als ob auch du jünger . . . freier . . . und . . . lebendiger fühlst in dir . . . ich wünsche es dir von Herzen . . .

und . . . weiter gleitet dein Floß . . . am Mast mit bunten Fahnen . . . Fahnen der Freude . . . lustig . . . und . . . übermütig flattern sie im Wind . . . ein Strömen des Glücks . . . um dich herum . . . .bitte . . . spüre in dich hinein . . . und . . . werde nun zum

- **Fluß**

. . . der nichts anderes weiß . . . als fließen . . . der nichts anderes weiß . . . als sich verströmen . . . der sich sein Bett sucht . . . seinen Weg bahnt . . . du fließt . . . du fließt . . . als hätte es anderes niemals gegeben . . . und . . . spürst dabei . . .

- **dein Leben ist in gutem Fluß.**

See

Seen werden oft als vermittelnde Orte angesehen. Im Gegensatz zu Fluß und Meer fehlen hier erkennbare Strömungen, die zumeist unter der Wasseroberfläche verlaufen. Man kann einen stillen See auch als Lebensmitte des Menschen verstehen. Die großen reißenden Ströme und Wasserfälle eines jungen Lebens werden abgelöst durch den Spiegel der Rückschau, der Bewahrung und Erhaltung des Erreichten. Wie oben geschildert, sind viele Wallfahrtsorte und Kraftplätze gerade an Seen gelegen. Man kann sie – wie Edelsteine – auch als „Augen Gottes" bezeichnen, die oft harmonisch in die Landschaft eingebettet sind.

„*Abendphantasie*" lädt dich zu einer besinnlichen Reise ein. Eine Abendstimmung an einem ruhigen See will dir eine meditative Versenkung in deine Wünsche, Hoffnungen, guten Absichten und Ziele ermöglichen. Ich denke, der erste Schritt zur Erfüllung eines tief gehegten Wunsches ist zunächst die Akzeptanz, daß er überhaupt da sein darf. Der nächste Schritt könnte die Ausgestaltung des Wunsches oder der gehegten Absicht in der Phantasie sein. Was wir uns nicht vorstellen können, wird auch keinen Platz in unserem Alltagsverhalten finden können. Phantasien bergen eine vorwärtsdrängende Kraft; verbündet mit Glauben und Hoffnung kann diese geradezu Berge versetzen.

Abendphantasie

Stelle dir bitte einen schönen . . . lauen . . . Sommerabend vor . . .
du bist am Ufer eines Sees . . .

●

der See ist von einer saftig grünen Wiese . . . rundum gesäumt . . .
an seinem Ufer stehen große alte Bäume . . . die in der Abendsonne . . . lange Schatten werfen . . . und . . . nun gehe bitte . . . am
Seeufer entlang . . . und . . . atme tief den milden Abendatem in
dich ein . . .

●

und . . . laß dich nun erleben . . . wie du zu einem Bach gelangst
. . . das klare Wasser . . . es springt über kleine Stufen . . . eine
Hecke wächst am Ufer . . . und . . . bildet einen Halbkreis . . .
gehe bitte in ihn hinein . . . der Bach fließt unter der Hecke durch
. . . und mündet in den See . . . du spürst . . . daß hier ein besonderer Platz ist . . . ein Ort aus Frieden . . . und . . . voll von stiller
Harmonie . . . .

●

setze dich bitte an das Ufer . . . die Abendsonne taucht den See
. . . in glutrotes . . . flüssiges Gold . . . schaue dabei in das Wasser
. . . und . . . laß den Tag in ruhigen Bildern . . . an dir vorüberziehen . . . es wird ganz still um dich herum . . .

●

und . . . aus dieser tiefen Stille heraus . . . entsteht in deiner Phantasie . . . eine federleichte Kugel . . . die zwischen deinen Händen
ruht . . . eine durchsichtige federleichte Kugel . . . in die du einen
Wunsch . . . ein Ziel . . . abbilden kannst . . . und . . . erblicke die-

sen Wunsch ... dies Ziel ... nun als Bild ... in dieser Kugel ...
die du zwischen deinen Händen hältst ... du weißt ... aus
diesem Ort der Kraft fließen Energien zu dir ... die dir dazu
verhelfen ... dieses Ziel auch wirklich zu erreichen ...

●

stelle dir als nächstes ... noch das große Ganze vor ... den Ideal-
zustand ... male dir ganz plastisch aus ... wie du dein Ziel bereits erreicht hast ... und ... auch dieses Bild will in der Kugel
deiner Phantasie ... eine Gestalt annehmen ...

●

und nun ... sei du dieses Ziel ... das als Bild vor dir entstanden
ist ... gib ihm einen Rahmen ... und ... gehe durch ihn hindurch
... mitten in das Bild hinein ... so kannst du es besonders tief
erleben ... und ... ihm Energie verleihen ...

●

was immer du auch gesehen ... gespürt ... erlebt hast ... erhe-
be dich ... die Sonne ist nur noch halb zu sehen ... und ... nimm
die Stimmung ... und ... die Kugel mit nach Hause ... ganz klein
ist sie geworden ... jedoch weiter in sich rund ... und jetzt ...
ganz fest ... viel Energien hat sie gewonnen ... durch deine
Phantasien ... du kannst sie tragen ... wann ... und wo ... du
willst ... vielleicht ist sie dir als

● **Talisman**

willkommen ... wenn Raum ... und ... Zeit genug vorhanden
sind ... kannst du sie ... so oft du möchtest ... in deine Hände
nehmen ... und ... in die Kugel schauen.

Meer

Meer – welch großes Wort, ein Ursymbol. Es steht für das Leben selbst. Die heutige Wissenschaft geht davon aus, daß alles Leben auf der Erde – in Jahrmillionen – aus dem Meer entstanden ist. Uns Menschen scheint es – auch in Zeiten nahezu unbegrenzter Mobilität und Schnelligkeit moderner Verkehrsmittel – immer noch Synonym für Weite und Unendlichkeit zu sein.

Das Meer ist eher als ein neuzeitlicher Kraftort der Seele anzusehen. Für ältere Kulturen war das Meer wohl mehr ein Symbol für Fremdheit und Bedrohung. Zwar war es als Reiseweg für Austausch von Kultur und Handel unentbehrlich, doch ging auch Krieg und Zerstörung von ihm aus, wenn fremde Völker zur Eroberung und Plünderung an seinen Küsten landeten. Existenzen gingen verloren, wenn ein Schiff in den Fluten versank. In der Menschheitsgeschichte waren Völker, die am Meer lebten, besonders risikofreudig. Sie wollten erforschen, was „hinter dem Meer" liegt. Sie wollten neues Land entdecken und nahmen dabei viele unbekannte Gefahren und Risiken auf sich. Diese Schrecken hat das Meer, zumindest in unseren Breiten, wohl weitgehend eingebüßt. Heutzutage ist das Meer und dessen Küsten im Bewußtsein der meisten Menschen eindeutig mit Erholung und Urlaub verbunden. Doch zumindest Menschen, die in Küstenregionen leben oder die das Meer befahren, wissen sehr wohl um die ständige Bedrohung, die mit dem Meer verbunden ist, wissen um die Urgewalten der entfesselten Elemente, wenn sich Wind und Wasser zu Sturm und haushohen Wellen verbünden.

Die nächste Phantasieübung heißt *„Brandung"*. Sie möchte dich die verschiedenen Seiten des Meeres erleben lassen, seine urwüchsigen Kräfte, aber auch seine besänftigenden „zarten" Anteile. Darüber hinaus kannst du jedoch auch erfahren, wie du, wenn du von einer Sache, einem anderen Menschen oder von dir fest überzeugt bist, sogar Naturgewalten trotzen kannst, wenn du zu einem Fels in der Brandung wirst.

Brandung

Stelle dir vor . . .

ein neuer Tag beginnt . . . du stehst auf einem Felsen . . . einem Felsen . . . mitten im wild bewegten Meer . . .

•

über dir treibt der Wind Wolkenfetzen vor sich her . . . unten braust . . . und . . . schäumt das Wasser . . . Wellen . . . fast so hoch wie Berge . . . dazwischen tiefe dunkle Täler . . . am Horizont ein fernes Schiff . . . das mit den Wellen kämpft . . . und . . . rudert . . . Möwen segeln ganz gelassen . . . sie spielen mit dem Wind . . . so . . . wie er mit ihnen . . . Woge . . . auf Woge . . . trifft auf harten Stein . . . und . . . reibt sich an dem Felsen . . . Steine kollern durcheinander . . . werden mitgerissen . . . Sand wird umgepflügt . . . kaum etwas scheint Bestand zu haben . . . schäumend brechen sich die Wogen . . . und du . . . du stehst in Wind . . . und . . . Wetter . . . hoch oben auf dem Fels . . . so kannst du in jede Richtung sehen.

•

Das Meer . . . es tobt nach allen Seiten . . . ganz aufgewühlt bist du . . . die pure Urgewalt zu spüren . . . erschüttert jede Menschenseele . . . doch der Felsen trotzt . . . kann Wind . . . und Wasser noch so wüten . . . er ist auf festem . . . tiefen Grund gebaut . . . und . . . ist . . . wie du . . . verbunden mit der Erde . . . so fühle dich . . . für eine Zeit . . . nach deinem Augenmaß . . . als

● **Fels, der in der Brandung steht . . .**

du widerstehst . . . und . . . du harrst aus . . . du weißt . . . es werden andere Zeiten kommen . . . vielleicht schon abends . . . wenn der Tag sich neigt . . . und . . . auch die Winde ruhiger werden . . .

kann die Abendsonne sich in stillem Wasser spiegeln . . . dann ebbt das Wasser ab . . . und . . . weißer Sand . . . liegt vor dem Felsen . . . das Meer kleidet sich in Samt und Seide . . . es zeigt sein friedliches Gesicht . . .

●

du weißt . . . auch du . . . hast mehrere Gesichter . . . in denen die Welt dich kennt . . . auch du kannst hin- . . . und . . . hergerissen sein . . . und . . . toben . . . ein anderes Mal . . . mit Fassung tragen . . . was andere Menschen wütend macht . . . so bist auch du ein Meer aus allem . . . aus all dem . . . was Leben heißt . . . weil dies so ist . . . sei nun für einen Augenblick das

● **Meer . . .**

ganz wild . . . und . . . ungestüm . . . wie früh morgens . . . zu Anfang dieser Reise . . . vielleicht paßt dieses gut zu dir . . .

●

und nun der Abend . . . wenn der Tag verebbt . . . und . . . die Wellen sanft das Ufer küssen . . . sei du das

● **Meer . . .**

für einen Augenblick . . . bitte . . . zeige dich auf diese Art . . . und . . . Weise . . . auch diese Stimmung ist in dir . . .

●

der Frieden . . . wenn der Tag verebben will . . . gestaltet sich im Träumen . . . im zarten Verklingen . . . und . . . im wachen Beginnen . . . erhält Seele Anwachs . . . aus Wechsel . . . und . . . aus Wandel.

Element Luft

Luft gilt als Symbolelement des Denkens, des Verstandes. Unser ganzer Lebensbereich ist der Luftsphäre zugeordnet. Auch wenn wir nicht wie die Vögel durch die Luft fliegen, so sind wir doch von Luft umgeben und atmen sie. Die wesentliche Ausdrucksform der uns umgebenden Luft ist der Wind. Der Wind trägt Dynamik in sich und ist Symbol für Bewegung. Altes wird in Frage gestellt. Neues tritt auf den Schauplatz des inneren Geschehens durch die Kräfte des Windes, seinem ständigem dynamischen Spiel mit Wasser, Licht und Erde. Er ist der große Antreiber und Bote.

Niemals verhält sich die Landschaft völlig regungslos. Immer ist auch Bewegung im Spiel, selbst dann, wenn der Wind für uns Menschen kaum spürbar ist. Durch seine Bewegung trägt er Geräusche, Worte und Musik an unser Ohr und spielt mit Wasser, Licht und Erde. Er „macht" das Wetter, sorgt mit seinen Wolken für Schatten und Regen. Er kann Wolkengebirge bauen, stilles Wasser zu Wellenbergen türmen und binnen Stunden ganze Landstriche vernichten.

Es ist gar nicht lange her, da war der Wind auf See – neben der Muskelkraft des Menschen – die einzig verfügbare Energie, die ein Schiff zu anderen Ufern treiben konnte. Geschickt genutzt, kann er uns zu beinahe jedem Ort der Welt tragen.

Ich möchte dir nun vorschlagen, dich – auf eine besondere Weise – vom Wind tragen zu lassen. Er wird dich in ein „*Wolkenschloß*", so lautet der Titel der nächsten Phantasiereise, entführen. Zuvor jedoch kannst du mit den verschiedenen Stimmen, mit denen Winde „sprechen", Kontakt aufnehmen.

Wolkenschloß

Vor dir entsteht . . . wie aus dem Nebel . . . eine Landschaft . . .

●

in der Mitte dieser Landschaft . . . laß dich sehen . . . wie du dich siehst . . . auf einem Hügel sitzend . . . in einer Haltung . . . die dir so vertraut vorkommt.

●

Wolken ziehen auf am Horizont . . . schon spielt der Wind mit deinen Beinen . . . sacht weht er um den ganzen Körper . . . und . . . während er dein Gesicht ganz zärtlich streichelt . . . ist dir nicht so . . . als ob du noch einmal . . . die Augen schließt . . . bis auch die letzten Gedanken einfach verwehen . . . in dieser ganz bequemen Haltung . . . kannst du seinen tiefen Atem spüren . . . und . . . dich hören lassen . . . wie er auf seine Weise zu dir spricht . . . so . . . als ob er dich begrüßen möchte . . . wenn er mit deinen Haaren spielt . . . mal still . . . und . . . ganz in sich versunken . . . wispernd . . . und . . . mit zarten Lauten . . . dann auf einmal jäh . . . und . . . ungestüm . . . und . . . mit hohler . . . tiefer Stimme . . . du weißt . . . du kannst ihm Fragen stellen . . . hier an diesem Ort . . . die Antwort kann wie ein Echo in dir klingen . . . solche Frage können lauten . . .

● **Wind, wie bekomme ich mehr Lebensenergie?**

Und . . . achte auf die Antwort . . . es kann ein Bild sein . . . ein Symbol . . . etwas . . . was auf seine Weise zu dir spricht . . .

● **Wind, wohin wird mich das Leben treiben?**

Lasse die Antwort in dir schwingen . . . mehrfach hallt es nach in deiner Seele . . .

● **Wind, der du über der Erde lebst, wie bekomme ich mehr an Überblick in meinem Leben?**

Du siehst . . . wie eine große weiße Wolke zu dir treibt . . . der
Wind bläst sie in deine Richtung . . . du weißt . . . du bist gemeint
. . . sie hüllt den ganzen Hügel ein . . . sie nimmt dich mit . . . und
. . . trägt dich fort . . . so hast du guten Überblick . . . wenn du . . .
vom Rand der Wolke aus . . . natürlich ganz entspannt . . . nach
unten . . . auf die Erde schaust . . . auf der du lebst . . . .von hier
aus . . . kannst du so manches . . . wohl mit anderen Augen sehen
. . . vielleicht ein Problem . . . was dir derzeit nahe geht . . . und
. . . wo du dir selbst im Wege stehst . . . in großer Übersicht . . .
und . . . Weite . . . überblicken.

●

Du fühlst dich so geborgen in der Wolke . . . weil du dir sicher bist
. . . hier oben . . . hast du Abstand zu den Dingen . . . zu den Menschen . . . und . . . zu dem . . . was dich dort unten . . . zuweilen
stark bedrängt . . . und . . . dir den ruhigen Atem nehmen will . . .
hier bist du frei . . . und . . . ungebunden . . . auch . . . wenn nur
die Phantasie dies möglich macht . . . denn in ihr . . . können sogar Wolken sprechen . . . und dir Fragen stellen . . . und bitte . . .
achte wieder auf die Antwort . . .

- **Kannst du dich noch mehr fallen und einfach treiben lassen?**
- **Gibst du deinem Leben genügend Raum und Zeit, so daß es
  sich voll entfalten kann?**
- **Für euch Menschen bin ich Schatten. Welcher liegt auf deiner
  Seele?**

Du weißt . . . der Wind treibt nicht nur Wolken vor sich her . . .
er versteht sie auch zu bauen . . . er türmt sie so zusammen . . .
daß Gesichter . . . Formen . . . und . . . auch Schlösser aus ihnen
werden können . . . denn er hat die Kraft . . . und . . . gibt die Richtung vor . . . so . . . daß du . . . wenn in deiner Phantasie . . . sich
die Augen wieder öffnen . . . in einem Märchenschloß aus Wolken bist . . . dort hast du drei Wünsche frei . . .

●

●
●

Wünsche können sich erfüllen . . . wenn man mit viel Liebe an sie denkt . . . und . . . sie mit Zärtlichkeit umhüllt . . . und . . . sie auf diese Weise hegt . . . und pflegt . . .

●

du kannst in diesem Wolkenschloß noch eine Weile bleiben . . . wenn du möchtest . . .

●

dann . . . wenn du wieder Erde spüren willst . . . so kannst du . . . ganz bequem . . . das Schloß verlassen . . . nun steht es auf festem Boden . . . du hast den Schlüssel in der Hand . . . doch . . . bevor du gehst . . . kannst du der Wolke danken . . . und . . . auch dem Wind . . . der sie . . . und . . . dich so sicher führte.

Atem – der Lebenshauch

Ohne Atem ist kein Leben denkbar. Alles innerhalb der Schöpfung atmet – jede unserer Körperzellen, jede Pflanze, jeder Stein. Der Atem erneuert in unendlicher Weise alles, was lebt. Eingeatmete Luft reinigt unseren Körper von Schlacken und nährt uns mit Lebenskraft. Er vermag darüber hinaus Unruhe zu besänftigen und Lethargie zu beleben, Ängste zu mindern und neue Lebenskraft und -freude zu schenken.

Doch dieser wunderbaren Heilkraft des frei fließenden Atemstroms sind wir uns oftmals nicht bewußt. Zu atmen ist uns Menschen so selbstverständlich, daß wir den Atem nur dann wahrnehmen, wenn er mal wegbleibt. Diese Nichtachtung des Atemgeschehens kann Folgen haben. Energiemangel, Müdigkeit, innere Unruhe und Spannung. Der Atem will zugelassen, will erfahren werden, möchte Raum, in dem er sich ausdehnen kann. Energie fließt dahin, wo Aufmerksamkeit ist. In einem kontinuierlichen Übungsprozeß vertieft sich der Atem – ohne Anstrengung – wie von selbst. Irgendwann fließt er ungehindert durch den Körper und wird zu einer unerschöpflichen Kraftquelle. Der frei fließende Atem kann so zu einer alltäglichen Erfahrung werden. Indem wir unseren natürlichen Atem zurückgewinnen, erfahren wir einen wesentlichen Zuwachs an Lebensfreude, Kraft und Urvertrauen. Der Atem beflügelt die Seele; denn Atemkraft ist Seelenkraft. Manchmal erleben wir unseren Atemstrom als kräftig und schwer, manchmal als leicht und kaum bemerkbar. Wenn er ganz fein wird, kann er dazu benutzt werden, den Geist zu den tiefsten, subtilsten Schichten zu führen.

Viele Musikinstrumente können erst durch unseren Atem Klänge produzieren. Man denke nur an die Holz- und Blechblasinstrumente. Es gibt jedoch ein Musikinstrument, das nicht durch den menschlichen Atem in Schwingungen gesetzt wird, sondern durch den „Atem des Windes".

Die nächste Phantasiereise führt dich zu einer Begegnung mit diesem besonderen Instrument. Es ist eine Äols- oder „Windharfe". (Äolus lautet der griechische Gott des Windes.) Dies ist ein archetypisches Musikinstrument, das durch die leiseste Luftbewegung in Schwingungen versetzt wird. An einer einzigen Saite kann der Wind viele verschiedene Töne erzeugen. Dadurch entstehen reine Naturtonfolgen, die einen geheimnisvollen Klang ergeben.

Der zarte Atem des Windes, eine leichte Berührung durch ihn reicht aus, um die Windharfe, das himmlische Glockenspiel, in reinen, kristallklaren Tönen erklingen zu lassen.

Die Verwendung von Klängen für Heilungszwecke ist uralt. Zumeist wurden sie von Schamanen im Rahmen von Heilungszeremonien eingesetzt. In den letzten Jahren wurde das Wissen um die heilende Wirkung der Klänge wiederentdeckt. Dies führte regelrecht zu einem Boom auf diesem Gebiet.

Fast jeder kennt Musik, die ihn beruhigt oder lebendig macht, die ihn in eine bestimmte Stimmung versetzt. Kaum etwas anderes berührt unsere Seele so unmittelbar wie Musik.

Windharfe

Stelle dir vor . . .

dein ganzer Körper . . . dein Geist . . . und . . . deine Seele sind eine

- **Windharfe.**

Mit jedem Luftstrom . . . der durch deinen Körper fließt . . . mit jedem deiner Atemzüge . . . strömt der Hauch des Windes in dich ein . . . bewegt die Saiten . . . läßt sie schwingen . . . Töne werden . . . wenn ein

- **lauer Sommerwind**

deine Saiten streift . . . und . . . in dir Melodien zum Leben weckt . . .

-

und nun . . . atme

- **wirbelnde Winde des Herbstes**

in dich ein . . . sie pfeifen . . . und . . . sie johlen . . . Töne purzeln durcheinander . . . wie Laub . . . das jäh vom Baum getrieben . . . zunächst will sich noch kein System ergeben . . . denn . . . Herbstatem greift ungestüm in alle deine Saiten . . . doch dieser Wirbel sorgt für frischen Mut . . . er schafft Raum . . . für eine neue Melodie . . . die nun in voller Klangpracht in dir jubeln kann . . .

-

Elfen der Lüfte besänftigen den Wind . . . sie legen Wolkenwatte auf die Saiten . . . so . . . daß sie nun gedämpft erklingen . . . als ob Schnee auf deiner Harfe liegt . . . auch der Winter hat ein eigenes Lied . . . er bringt nicht nur Frost . . . und . . . Kälte . . . .er sorgt

auch für Besinnung . . . schafft Rückzug . . . und . . . Beschaulich-
keit . . . er singt in dir

● **ein Winterlied . . .**

und nun . . . atme eine Frühlingsbrise in dich ein . . . laß dich hören . . . und . . . erleben . . . wie eine neue Saite . . . in dir angeris-
sen wird . . . wie es in dir nach Frühling klingt . . . helle . . . frische
Laute . . . glockenrein . . . wie Silbertöne . . . schwingen frei in deinem Innern . . . eine neue Lebensmelodie . . . die

● **Frühling . . .**

heißt . . . summt . . . und . . . zwitschert . . . in den Saiten . . . ich
wünsche dir . . . du singst in dir mit . . .

●

das ist das Schöne . . . an dieser Harfe . . . sie spielt sich ganz von
selbst . . . auf diese Weise . . . kannst du Lebensmelodien begleiten . . . mit deiner Stimme . . . und . . . durch jedes Instrument der
Welt.

Du schaust auf die Elbe und siehst ein Segelschiff

Die nächste Phantasiereise möchte dir den Wind als Helfer und
guten Wegbegleiter vorstellen. Durch ihn gelangt dein voll be-
ladenes „Lebensschiff" ans Ziel, in deinen sicheren „*Heimathafen*". Hier kannst du dich von den Mühen und Lasten des Tages erholen und ausruhen. Wir stellen doch immer wieder fest,
daß ein ruhiger tiefer Schlaf zu den großartigsten Energiequellen
zählt, die wir kennen.

Stelle dir vor . . .
dein ganzer Körper . . . deine Seele . . . und . . . dein Geist . . .
alles das . . . was dich ausmacht . . . sind der

● **Wind.**

Du treibst ein Segelschiff auf See voran . . . es will wohl Abend
werden . . . die Sonne neigt sich schon . . . du blähst mit ganzer
Energie . . . die Segel auf . . . und . . . treibst das Schiff . . . mit deiner Kraft . . . dem Hafen zu . . .

●

Stelle dir nun vor . . . du bist das

● **Segelschiff.** *Ihr sitzt in dem Schiff*

Schwer beladen von des Tages Last . . . und . . . .Mühen . . . treibst
du dem Hafen zu . . . und . . . wirst vom Winde angefeuert . . . du
weißt . . . du mußt kein Seemann sein . . . um das Schiff zu lenken . . . in der Phantasie geht vieles . . . seinen eigenen Gang . . .
gerade dann . . . wenn man sich anvertraut . . . und . . . nur geschehen läßt . . . was ohnehin passiert . . . der Wind kann gut dein
Lotse sein . . . dein Tagewerk ist bald getan . . . schon läßt du dich
den Leuchtturm . . . auf der Düne sehen . . . der in der Abend-
dämmerung dir Schutz anbietet . . .

●

Stelle dir vor . . . du bist der

● **Heimathafen**

für das Segelschiff . . . in dir liegt es nun geschützt . . . und . . . voll
mit tröstlichen Gefühl beladen . . . es tut so gut . . . zu Hause anzukommen . . . in den Heimathafen deiner Seele . . . wie gut es

tut . . . .dort zu ankern . . . wo man sich ganz zu Hause fühlt . . .
voll wohligem Behagen . . . und . . . auch tiefer Müdigkeit . . . doch
die Arbeit . . . sie ist erst dann zu Ende . . . wenn der Anker endlich fällt . . .

•

und du nun . . . getragen von dem Auf . . . und . . . Ab der Wellen
. . . einfach in dir ruhen kannst . . . wenn die Nacht kommt . . .
und . . . du . . . auch als Wind . . . dich legen kannst . . . der Leuchtturm . . . und . . . die Sterne blinken . . . du spürst . . . du liegst in
dir vor Anker . . . in deinem Heimathafen . . . und . . . weißt . . .
und . . . schläfst . . . und . . . weißt . . .

• **ich bin bei mir angekommen.**

Element Feuer

Das größte Geheimnis der Feuerkraft ist sicherlich der Lebens-
funke, der den irdischen Geschöpfen innewohnt. Lebende Wesen
sind immer warm, solange sie bestehen. Erst mit ihrem Tod werden sie kalt, dann, wenn ihr Lebensfeuer erloschen ist.

Naturbeobachtungen wie Feuer, Blitze und Vulkane führten
dazu, daß dem Feuer eine göttliche Verehrung entgegengebracht
wurde.

In der Astrologie steht das Feuer für das Element der Jugend,
welche voller Tatendrang ist und forscht, lernen will und nach
neuen Erfahrungen sucht.

In vielen alten Kulturen und Traditionen existierten Feuer-
kulte. Wichtigster Bestandteil dabei war es, ein natürliches Feuer
niemals zu vernachlässigen, es unbedingt am Leben zu erhalten.

Feuer bedeutet aber auch Licht. Erst das Licht ermöglicht Sehen. Licht führt den Lebewesen notwendige Strahlungsenergie zu,
die als Wärme wirkt und organische Substanzen bildet. Licht ist
Strahlung, hat Farben. Licht schwingt in Wellen, von denen für
das menschliche Auge nur ein kleiner Ausschnitt sichtbar ist.

Durch die Entdeckung des Stromes wurde Licht herstell- und speicherbar, ist also letztlich auch eine Ware. Es ist die Energie, an der unsere Zeit wie an keiner anderen hängt.

Licht steht im Gegensatz zum Dunkel, zur Finsternis der Seele. Bis heute steht Licht für alles, was Leben ermöglicht und fördert. Ohne Licht kann in der Natur nichts wachsen. Wir Menschen brauchen Licht für unser Wohlbefinden, für unsere Orientierung, für unsere Tätigkeiten.

Das Licht ist weltweit Symbol der Göttlichkeit, des geistigen Elements, das nach dem uranfänglichen Chaos der Dunkelheit das All durchströmte und die Finsternis in ihre Schranken wies. Licht und Finsternis sind das wichtigste Dualsystem polarer Kräfte, wobei das Licht auch durch den gewaltigsten Energiespender „Sonne" symbolisiert wird.

Das Wort Christi: „Ich bin das Licht der Welt" nahm auf die christliche Lichtsymbolik größten Einfluß, so daß ein Lämpchen in katholischen Kirchen als das „ewige Licht" bezeichnet wird, das, nach frommer Fürbitte, auch den Verstorbenen leuchten soll. Kerzen sind Lichtträger, so etwa die Osterkerze und jene Hauskerze, die zu Maria Lichtmeß in der Kirche geweiht wird. Tauf- und Kommunionskerzen vermitteln dem Gläubigen einen tiefen Symbolwert.

Auch im Buddhismus bedeutet das Licht bildhaft das Erkennen der Wahrheit. Im Hinduismus ist das Licht Metapher für Weisheit und Manifestation von Krishna, dem Herrn des Lichts. Im Islam trägt das Licht einen heiligen Namen, denn Allah ist das Licht des Himmels und der Erde.

Das Licht vermag auch den physisch Blinden innerlich zu durchstrahlen. Es ist Ausdruck des Immateriellen und somit besonders geeignet, die Geistigkeit Gottes zu versinnbildlichen.

Wie sehr der Mensch vom Licht abhängig ist, geht aus der Umschreibung des Geboren-Werdens hervor: Der Mensch erblickt das Licht der Welt.

So werden – auch im übertragenen Sinn – Licht und alle damit verbundenen Begriffe für Glück, Freude und Frieden gebraucht.

Wann immer Angst, Zweifel oder Wut in unserem Inneren vorherrschen, ist dies verbunden mit Enge und Dunkelheit. Licht ist neben Liebe eine der stärksten Energien zur inneren und äußeren Heilung. Alles in uns lechzt nach Licht und Sonne. Sonnenhungrig ist unser Auge, ist unser ganzes Leben.

Ich schlage dir nunmehr vor, in deiner Phantasie einen „Lichtpalast" zu betreten und dich für eine Weile in ihm aufzuhalten. Unter einem Palast stellen wir uns Prunk, Reichtum und Herrlichkeit vor. Ich wünsche dir, dieser Aufenthalt kann zu einem Erlebnis für dich werden.

Lichtpalast

Stelle dir vor...

du gehst auf einem Weg... durch eine Sommerlandschaft... der Boden unter deinen Füßen... ist sehr gut für dich zu spüren...

●

Die Landschaft wirkt fremd auf dich... und... doch vertraut... es ist sehr warm... die Landschaft karg... die Sonne scheint vom Himmel... es mag wohl Mittag sein... am Horizont erscheint ein weißes rundes Haus... je näher du gelangst... um so größer wirkt es... vor deinen Augen entsteht nun ein Palast... und... wenn du angekommen bist... so siehst du eine gelbe Sonne... gemalt auf einem Marmortor... und... wenn du das Sonnenbild berührst... so öffnet sich das Tor für dich...

●

schließe bitte nochmals deine Augen... Stufen aus Licht... führen in den Palast hinein... nun wecke deine Sinne... so... als ob du Fenster in dir öffnest... du bist in einem großen Saal... die Wände sind aus purem Licht... du stehst auf Marmorboden... die hohe Decke ist bemalt mit Sonnen... auf Lichtsäulen... stehen Lampen... kunstvoll geformt... ätherische Öle strömen durch den Saal... und... vereinen sich zu einer Symphonie der

Düfte . . . im leichten Wind . . . der durch die Fenster grüßt . . .
wehen bunte Seidentücher . . . in Pastell gehalten . . . in Licht
durchfluteten Gefäßen . . . sind bunte Blumensträuße . . . es ist
fast so . . . als ob du träumst . . . du machst die Augen auf . . . doch
. . . es ist noch alles da . . . du bist im

- **Lichtpalast.**

Du kannst nun ein Lichtbad nehmen . . . in der Mitte dieses Raumes . . . ist ein großes rundes Becken . . . das von warmem . . . hellem Licht gefüllt ist . . . du weißt . . . du kannst durch Licht . . .
und Wärme . . . einfach freier werden . . . dein wahres Wesen kann
zum Vorschein kommen . . . wenn Gedankenknoten . . . Ge-
fühlsverwirrung . . . und . . . verspannte Muskeln . . . in diesem
Lichtbad ruhen . . . von hier aus schaust du anders in die Welt . . .
die Farben . . . und . . . die Wohlgerüche . . . können die Wirkung
noch verstärken . . . ich wünsche dir . . . du kannst dir die Erlaubnis geben . . . ganz ins Lichtbad einzutauchen . . . um . . . damit . . . Seele . . . Geist . . . und Körper . . . durch Licht zu fluten.

-

Und . . . wenn du meinst . . . für dieses Mal ist es genug . . . und
. . . du fühlst dich klar . . . und . . . rein . . . und . . . lichtvoll an . . .
laß dich einen Bademantel aus Licht . . . und . . . Farbe tragen . . .
er liegt . . . mit deinem Namen . . . schon für dich bereit . . . und
nun . . . gehe durch einen Vorhang . . . durch einen Schleier . . . du
kannst die Farbe wählen . . . auch dieser ist aus Licht gewebt . . .
es ist der Schleier . . . der in den

- **Raum der Schönheit**

führt . . . wie alt . . . oder . . . wie jung du bist . . . ob groß . . . ob
klein . . . ob Mann . . . ob Frau . . . hier kannst du deinen Körper
wohlgestaltet . . . einfach schön erleben . . . und . . . dich auch fragen . . . was Schönheit dir bedeutet . . .

•

und . . . wenn du weiter gehst . . . so begegnet dir ein zweiter Lichtvorhang . . . der leicht vom Wind bewegt wird . . . auch seine Farbe kannst du wählen . . . wenn du erfährst . . . daß sich hinter ihm der

● **Raum der schönen klugen Gedanken**

verbirgt . . . du weißt auch . . . Schönheit kommt von innen . . . und . . . die Suche nach Weisheit . . . und . . . Geistesschärfe . . . gibt den Menschen Sinn . . . verweile dort ein wenig . . . und . . . wähle einen schönen . . . klugen . . . Gedanken für dein Leben aus . . .

•

und nun . . . gehe durch den dritten Schleier . . . mit einer Farbe deiner Wahl . . . du kommst so weiter . . . und dadurch . . . in dem

● **Raum der schönen wahren Gefühle**

an . . . du weißt . . . Gefühle können trügen . . . doch wenn sie tief . . . und . . . lauter sind . . . ist Wahrheit in sie eingebettet . . . dann sind sie schön . . . wie

● **wogende Sonnenblumenfelder . . .**

wie eine

● **unberührte Schneelandschaft . . .**

wie ein

● **blühender Apfelbaum . . .**

vielleicht fallen dir noch andere schöne Bilder ein . . . verweile hier ein wenig . . . und . . . suche dir an diesem Ort . . . ein Gefühl

aus für dein Leben . . . ein Gefühl . . . das jung erhält . . . und . . .
schön macht . . .

●

und nun . . . stelle dir vor . . . dein ganzer Körper . . . deine Seele
. . . und . . . dein Geist . . . alles das . . . was dich ausmacht . . . ist
ein

● **Lichtpalast, ein Palast aus reinem Licht.**

Flammenschwert

Licht ist Ausdruck des Naturelements „Feuer". Die Bändigung
des Feuers gilt als eine der größten Kulturleistungen der Menschheit. Wir können es jederzeit und fast überall „künstlich" herstellen.

Das Feuer bedeutet jedoch nicht nur Wohltat für die Menschheit. Seine Kräfte wirken nicht nur segensreich. Durch unkon-
trollierte Brände und Vulkanausbrüche verlieren jedes Jahr viele
Menschen und Tiere ihr Leben, werden ganze Landstriche zeitweise unbewohnbar.

In früheren Zeiten galt das Feuer als ein Zeichen der Macht.
Wer es besaß, verfügte über einen kraftvollen Zauber.

Auch Feuerproben sind bekannt: Man denke an die Feuerprobe
des Liebespaares Tamino und Pamina in Mozarts „Zauberflöte"
oder den Feuerzauber in Wagners „Walküre", wo Brünhilde
durch Ihren Gottvater Wotan zur Strafe in einen Feuerkreis ver-
bannt und durch ihn eingeschlossen wurde. Doch Feuer schützt
auch, denn man vermeidet es, ihm zu nahe zu kommen.

Die Phantasiereise „*Flammenschwert*" möchte dich zu einer
Mutprobe verleiten. Der Volksmund sagt „durchs Feuer gehen",
wenn man bedingungslos zu einem bestimmten Menschen hält
oder an seiner Meinung oder Ansicht unerschütterlich fest hält.

An seiner individuellen Wahrheit festzuhalten, gerade wenn dies Risiken in sich birgt, ist wohl eine der größten, aber gleichzeitig auch eine der seltensten Leistungen, die ein Mensch hervorbringen kann. Um so wichtiger ist jedoch das Streben nach Wahrheit. Was bliebe uns sonst noch außer ihr?

Flammenschwert

Stelle dir vor . . .

du schmiedest ein Schwert . . . in loderndem Feuer . . . das ein Blitz entfachte . . . du stählst es in der Glut . . . und . . . verleihst ihm einen Namen . . . es ist dein Schwert . . . das Funken stiebt . . . auch . . . wenn es auf Felsen stößt . . . bleibt es doch hart . . . und blank . . . es ist ein

● **Flammenschwert**

das du zu einem Zweck geschmiedet hast . . . das Schwert ist deine Waffe . . . nicht gegen Mensch . . . und . . . Tier gerichtet . . . es will mit Leidenschaft . . . und . . . Feuer . . . nur eines schützen . . . die

● **Wahrheit.**

Du weißt . . . du mußt noch selbst wahrhaftig werden . . . immer gibt es gute Gründe . . . für ein Zaudern . . . Zögern . . . unecht sein . . . du mußt noch durch das Feuer gehen . . . nur das stählt gegen Unwahrheit . . . so ziehe mit dem Schwert nun eine Flammenschneise . . .

●

und . . . gehe durch sie hindurch . . . du weißt . . . wir Menschen haben Angst vor dem . . . was vor uns liegt . . . doch . . . ist die Prüfung überstanden . . . fällt Angst ab . . . wie ein nasser Sack . . . es gibt viele gute Gründe . . . sich zu trauen.

Ich wünsche dir ... du bist hindurch ... und ... auf der anderen Seite angekommen ... wenn dies so ist ... so ziehe mit dem Flammenschwert ... in deinem Namen ... einen Kreis aus Feuer ... du bist in seiner Mitte ... Glut ... und ... falsche Zungen können dir nichts tun ... an diesem Ort ... so hältst du dir Lügen stets vom Leibe ... hier können sie dich nicht erreichen.

Und nun ... wenn du es möchtest ... tanze in dem Feuerkreis ... so spürst du Glut ... Begeisterung ... und ... Feuer ... in Körper ... Geist ... und ... Seele ...

Ich wünsche dir ... in deinem Leben ... du ziehst dein Flammenschwert ... und ... bildest einen Feuerkreis um dich ... bist du in Gefahr ... dich selber zu verleugnen ... doch ... lebst du aus dir selbst heraus ... bist du gestählt in Wort ... und ... Tat ... dann kann der Quell der Wahrheit ... in einer Sternstunde ... auch Flammen zum Erliegen bringen.

Farben

Von allen menschlichen Sinnen ist der Gesichtssinn der am stärksten ausgeprägte. Rund 80 Prozent der vom Gehirn zu verarbeitenden Sinneseindrücke entfallen auf ihn. Es ist daher nicht verwunderlich, daß Licht und Farben einen so enormen Einfluß auf unsere Stimmungslage und unser Wohlbefinden ausüben.

Die Farbtherapie zählt zu den ältesten Behandlungsmethoden der Menschheit. Sie basierte ursprünglich auf der heilenden Wirkung des Sonnenlichts, das von vielen alten Kulturen zur Linderung der verschiedensten Beschwerden eingesetzt wurde. Farben wirken auf unsere Sinne ein und beeinflussen die Gefühlswelt. Farben bestimmen die Natur und unser Leben wesentlich. In der Tier- und Pflanzenwelt werden sie als Tarnfarbe, zur Arterkennung, als Lock- und Abschreckfarbe eingesetzt.

Farben sind Brechungen des Lichts. Jede Farbe übt auf den Betrachter einen bestimmten Reiz aus, der charakteristisch für diese Farbe ist. Dies wird von Menschen aufgrund ihrer Individualität und aufgrund der Tatsache, daß zu einer Farbbezeichnung viele verschiedenen Farbtöne gehören, unterschiedlich empfunden. Es gibt eben nicht das „Blau", sondern viele verschiedene Blautöne. In einer grünen Umgebung ist unser Gefühl ein anderes als in einer roten Umgebung. Ebenso ist es mit allen anderen Farben. Der Eindruck eines Farbtons kann sich durch die Beschaffenheit seiner farbigen Umgebung beträchtlich verändern. Deshalb haben die Eigenschaften, die einer bestimmten Farbe zugeordnet werden, auch eine gewisse Bandbreite mit positiven und negativen Aspekten. Jede Farbe verfügt über ihre eigene Qualität und damit über Wirkungen, die für die meisten Menschen Gültigkeit haben.

Farben beeinflussen uns. Sie wirken auf unsere Stimmung, und wir versuchen, durch Farben Stimmungen zu erzeugen. Da Farben selten isoliert auftreten, sind es meistens Kombinationen von mehreren Farben, die bestimmte Stimmungen hervorrufen. Rot in einer rosafarbenen Umgebung ruft z. B. ganz andere Empfindungen hervor als Rot mit der Kombination von Schwarz.

Jedenfalls: Farbwirkungen gehen uns unmittelbar unter die Haut. Unsere Seele kann mit den Farbwirkungen mitschwingen. Von einigen Farben fühlen wir uns innerlich besonders ergriffen. Solche Farben sind strahlend, herrlich, prachtvoll, festlich. Neuesten Forschungen zufolge soll die Haut sehr wohl in der Lage sein, Farbschwingungen aufzunehmen und deren Wirkung in das Innere des Körpers weiterzuleiten. Einem russischen Forschungsteam gelang der Nachweis, daß es im menschlichen Körper Leitungsbahnen für Licht gibt, die exakt dem Verlauf der Meridiane in der traditionellen chinesischen Medizin entsprechen.

Die nächste Phantasiereise habe ich „*Fingerfarben*" genannt. Ich möchte dir die Gelegenheit geben, deinen Körper, deine Seele, deinen Geist, alles das, was dich ausmacht, in hellen freundlichen Farben anzumalen. Natürlich kannst du dir deinen Körper auch als Landschaftsbild vorstellen und nicht nur als eine Ansammlung von Knochen, Gelenken und Sekreten. Auf diese Weise kannst du ein Naturbild „schminken". Du kennst in deinem Umfeld sicherlich Menschen, die dazu neigen, „schwarz zu malen". Diese Pessimisten malen sich vergangene und zukünftige Ereignisse oft düster aus. Die Farbpalette ihres Leben scheint sehr begrenzt zu sein. Weiterhin gibt es Menschen, die dazu tendieren, sich alles „schön" zu malen. Deren Farbpalette ist auch nicht vollständig. Sie haben die dunklen Töne, die auch zu einem Leben gehören, zu sehr ausgespart.

Fingerfarben

Stelle dir vor . . .

du bist ein Maler . . . und zwar ein ganz besonderer . . . der seinen Körper mit den schönsten Farben schmückt . . . du weißt . . . man kann die Welt bei dunklem Licht betrachten . . . so daß man dazu neigt . . . zu schwarz zu sehen . . . man kann sie sich jedoch auch bunt vorstellen . . .

•

eine gelbe . . . oder . . . goldene Farbe kannst du von der Sonne borgen . . . das Blau kann gut die Luft beitragen . . . die Wiese schenkt das Grün . . . die anderen Farben können gut und gerne von den bunten Blumen kommen . . . und nun . . . beginne mit dem Malen . . . vielleicht fängst du einfach bei den Füßen . . . und . . . den Beinen an . . . stelle dir nur vor . . . sie stehen auf sattem weichem Gras . . . laß ein Grün einströmen . . . und . . . male es nun mit einem breiten Pinsel . . . so . . . daß sich die Farbe gut verteilt . . . natürlich kannst du auch mit deinen Fingern malen . . .

●

und dann ... blicke nach oben ... und ... atme das Blau des Himmels ein ... du kannst mit einem hellem Blau ... von innen
deinen Kopf anmalen ...

●

welche Farbe möchtest du der Mitte deines Körpers geben ...
wähle doch die Farbe ... die am besten zu dir passen will ... strei-
che deinen Innenraum am besten ... mit hellen Farben an ... so
ungewohnt es zunächst scheinen mag ... es hebt die Stimmung
ganz gewaltig ... und ... wenn eine dunkle Stelle oder
Farbe dir begegnen sollte ... male eine helle einfach darüber ...
natürlich ist dadurch noch nichts gewonnen ... nichts gelöst ...
doch im Moment kannst du dich sicher gut anfühlen ...

●

und nun ... male deine Seele ... in bunten Farben an ... sie kann
wie eine Landschaft sein ... ob Wiese ... Wald ... ob Garten ...
gib ihr die Farben ... die du in dir fühlst ...

●

schaue bitte mal nach oben ... und ... zupfe dort von einer weißen Wolke ... die gerade über deinem Kopfe steht ... einfach
etwas Wolkenwatte ... mit dieser weichen Warte kannst du ...
dunkle Flecken deiner Seele säubern ... dann wenn die Watte
dunkel wird ... zupfe dir noch einen anderen weißen Wolken-
zipfel.

●

Ich weiß nicht ... wie weit du für dieses Mal gekommen bist ...
ich weiß nicht ... was noch fehlt ... doch ... wenn du noch weiter gehen möchtest ... und ... Gefallen an dem Malen ... und

... den Farben findest ... warum nicht auch ... den Raum um dich herum ... mit Bildern schmücken ... du nimmst zwei ... drei Bilder aus deinem Innenreich ... und ... hängst sie an die Wand ... gib ihnen dann noch Rahmen ... die gut passen ...

•

und ... auch den Raum ... um dich herum ... kannst du sehr wohl mit Farben schmücken ... du atmest einfach eine Farbe aus ... und ... hauchst sie in den Raum ... in dem du bist ... so kann auch dieser farbig werden ... es kommt auch auf die Umgebung an ... wie man sich fühlt.

Natürliche Orte der Kraft

Baum

Schon seit ewigen Zeiten ist der Baum in allen Kulturen als kosmisches Symbol bekannt und bis auf den heutigen Tag lebendig. „Der Weltenbaum der Indoarier z. B. reicht durch das ganze All und verbindet die Erde mit dem Himmel und der Unterwelt. Ähnlich der große und heilige Schamanenbaum, an dessen Zweige Nester befestigt sind, in denen die Seelen der Schamanen großgezogen werden. Auch der Paradiesbaum, der Lebensbaum sowie Buddhas Baum der Erleuchtung versinnbildlichen das Kosmische. Bäume wurzeln gleichsam im Nabel der Erde und sind Symbole der Mitte." Dabei kann der Baum sowohl als eine archetypische Geburtsstätte als auch ein Symbol des Todes gelten. (*Schmeer*) Gleichzeitig ist er aber auch ein Symbol des Wandels (Wechsel der Jahreszeiten) und des Überganges. In Form des belaubten und kahlen Baumes vergegenwärtigt er in der Betrachtung die grundsätzliche Einheit des Baums des Lebens mit dem Baum der Erkenntnis, durch den der Mensch, indem er verbotenerweise von seinen Früchten aß, in den Zustand der Schuld fiel. Der Lebensbaum hat mit Entwicklung und Entfaltung zu tun.

Gleichzeitig besitzt er sowohl einen männlichen als auch einen weiblichen, mütterlichen Aspekt: Er spendet Schutz und Schatten, bietet ein Dach, gegebenenfalls Früchte zur Nahrung und ist durch seine Wurzeln in Verbindung mit Wasser und „Mutter Erde".

Baumsymbolik und Baumverehrung halten einen Rest von alter Naturreligion fest, in der Bäume nicht bloße Holzlieferanten, sondern beseelte und von elfenartigen Nymphen bewohnte Wesenheiten waren, zu denen der Mensch eine ausgeprägte Gefühlsbeziehung unterhielt.

Da das Leben des Menschen aus der Mutter hervorgeht, kommt dem Baum auch der Aspekt eines Muttersymbols zu. Die große Mutter, die alles Leben aus sich entstehen läßt, ist vor allem die Mutter alles Pflanzlichen. Die Fruchtbarkeitssymbole der Erde und die Mythen der ganzen Welt fußen auf diesem archetypischen Zusammenhang.

Der Mensch lebt und bewegt sich im Spannungsfeld zwischen einer vertikalen Achse und einer horizontalen Achse. *Schmeer* weist darauf hin, daß in dieser Hinsicht eine Analogie zwischen dem menschlichen Körper, dem christlichen Symbol des Kreuzes und dem Baum besteht.

Genauso kann auch eine Verwandtschaft zwischen der Seele des Menschen mit ihren archetypischen, kollektiven und tief unbewußten Anteilen und dem persönlichen Unbewußten sehr gut in einer Baum-Gestalt vorgestellt werden.

Wie das Wasser steht der Baum auch für Fruchtbarkeit und Heilung. Wir sprechen von Abstammung, Stammbaum und Stammhalter. Alt ist der Brauch, zur Geburt dem Kind einen Baum zu pflanzen, der dann zum Schicksalsbaum wird. Man glaubt, daß wenn der betreffende Mensch stirbt, auch der Baum eingeht.

Der Baum, dessen Wurzeln im Boden gründen und dessen Krone sich zum Himmel erhebt, war der symbolische Mittler zwischen den Menschen und der Gottheit. Wo Stein, Baum und Wasser zusammenfanden, entstanden oft Orte der Kraft, heilige Stätten. Dabei versinnbildlicht der Stein Unzerstörbarkeit und Dauer. Der Baum offenbart den Zyklus des Lebens und seine heilige Macht, das Wasser steht für die Fruchtbarkeit des Wassers und beinhaltet die Möglichkeit der Reinigung.

Hermann Hesse schrieb in einem Brief. „Bäume sind für mich immer die eindringlichsten Prediger gewesen. Ich verehre sie, wenn sie in Völkern und Familien leben, in Wäldern und Hainen. In ihren Wipfeln raschelt die Welt, ihre Wurzeln ruhen im Unendlichen. Nichts ist heiliger, nichts ist vorbildlicher als ein schöner, starker Baum. Bäume sind Heiligtümer. Wer ihnen zuzuhören weiß, erfährt die Wahrheit."

In Griechenland stand die Eiche von Dodona, gehütet von drei Priesterinnen, die im Rauschen der Blätter die göttliche Stimme vernahmen. Der Religionsstifter Buddha wurde unter einem Baum geboren, fand unter einem Baum Erleuchtung und starb unter einem Baum. Jeder Indianer hatte einen eigenen Baum, den er zum Meditieren, zum Krafttanken, zum Gedankenaustausch aufsuchte. Wenn die Zeit zum Sterben gekommen war, suchte er ihn ein letztes Mal auf.

Im Heidentum wurden Tiere und Bäume nicht „angebetet", aber auch nicht als bloße materielle Dinge betrachtet, sondern als lebendige Wesen mit Geist und Seele erkannt, in denen sich das Göttliche in der Natur auf besondere Weise zeigte. Bäume verfügen sicherlich nicht über menschenähnliche Gefühle, wohl aber über etwas, das wie unser Gefühlsleben abläuft.

Viele Bäume sind auch deshalb heilig, weil sie heilende, Körper und Geist stärkende, reinigende oder magische Prozesse unterstützende Kräfte beherbergen. Naturheilkunde und Magie sind nicht genau zu trennen, denn immer sind es Naturkräfte, die eingesetzt werden, egal, ob wir aus Lindenblüten einen Heiltee brauen, eine Eiche umarmen, um durch ihre Aura der Stärke gekräftigt zu werden, oder einen Kultplatz mit Haselnußbäumen abgrenzen, um einen magischen Schutzkreis um ihn zu ziehen. Diese Kräfte sind keine irrealen Wunderkräfte, sondern in der Natur der Bäume beheimatet. Eiche, Esche und Eibe sind als Götterbäume Repräsentanten des Weltbaums.

Der Baum der Liebe ist die Linde. Die Linde war der klassische Mittelpunkt der Dörfler, der Treffpunkt im Ort, an dem sich das gesellige Leben der Leute abspielte. „Unter den Linden pflegen wir zu singen, trinken und tanzen und fröhlich zu sein"; schrieb *Luther*, „denn die Linde ist uns ein Frieden- und Freudenbaum". Der heiligste Baum der Kelten war die Eiche. Jede einzelne Eichel galt als von einer Fee beseelt und war deshalb ein mächtiger Glücksbringer.

Die mythischen Wurzeln des Weihnachtsbaums sind unklar. Manche sehen in ihm ein Abbild des Weltenbaumes der Indogermanen, den Paradiesbaum der christlichen Kultur.

Ein Baum wurzelt im Leben, strebt mit seinem Stamm himmelwärts, verzweigt sich nach allen Seiten und beschirmt die Menschen mit seinem Blätterdach. Er sorgt für Schatten und einen stabilen Wasserkreislauf. Seine Wurzeln schützen vor Erosion. Die Blätter, das Holz und die Früchte versorgen den Menschen mit Rohstoffen für Baumaterial, Nahrung und Kleidung. Kein Wunder also, daß Bäumen in der Vorstellung des Menschen eine große symbolische Bedeutung zukommt.

Da ein Baum mit den Wurzeln im Erdreich verhaftet ist, mit Stamm und Baumkrone aber dem Himmel entgegen wächst, sahen die Menschen in ihm ein kosmisches Symbol für die Verbindung von Erde und Himmel, Materie und Geist. In diesem Sinn stellt der Baum ein Bindeglied zwischen den ursprünglichen und geistigen Dimensionen menschlichen Lebens dar.

Alle großen Bäume des Altertums haben ihre Vorstellungen von der zentralen Säule der Welt auch auf das Symbol des Baumes übertragen. Damit wurde er zum Weltenbaum oder Lebensbaum der Menschheit. Wir finden deshalb in den Mythen fast aller Völker der Erde das Bild des kosmischen Baumes, dessen Stamm als Mittelpunkt und Zentrum der Welt den Himmel trägt. Er verbindet die verschiedenen Welten miteinander, den Himmel, die Erde und die Unterwelt. Es ist sicherlich nicht übertrieben zu sagen, daß das Sinnbild des Baumes vielleicht das grundlegendste, gewaltigste und älteste aller Ursymbole der Menschheit ist.

Im Traum können Bäume eine Projektion menschlicher Situationen sein; als grünender oder blühender Baum ein Bild der Kraft, der Zuversicht, als kahler oder verdorrter Baum ein Bild von Niedergeschlagenheit, Krankheit oder Todesverlangen.

Jedenfalls sind Bäume in ihren Lebensbedingungen so verschieden und vielfältig wie wir Menschen. Die Wurzeln, die in die Erde hinein reichen, die Halt gehen und die sich weit und tief verzweigen, um den Baum mit Nährstoffen zu versorgen, der Stamm mit seiner schützenden Rinde, mit den Jahresringen und Versorgungsleitungen. Die Äste, das Laub, die Nadeln, die Früchte. Alles dies ist auch übertragbar auf das Leben des Menschen. Wir sprechen von unserer Abstammung, von unseren Wurzeln, unseren Früchten.

Ich wünsche dir, du kannst dich in den nächsten drei Phantasiereisen, die sich mit dem Verhältnis und der engen Verwandtschaft des Menschen zum Baum beschäftigen, in einen Baum hineinfühlen und letztlich zum Baum werden.

Baum-Meditation

Stelle dir vor ... *du siehst deinen Baum – Schaukel*

deine Wirbelsäule ist der Stamm eines

- **Baumes.**

Deine Beine ... und ... die Füße sind die Wurzeln ... dein Rumpf der Stamm ... und ... die Krone des Baumes ... ist dein Kopf.

- **Fühle dich bitte in den Baum hinein.**

Von deiner Wirbelsäule gehen Wurzeln aus ... die tief im Erdenschoß verwoben sind ... aus dieser Erde kannst du Energie aufnehmen ... fühle ... wie mit jedem Atemzug Kraft aufsteigt ... und ... in deine Wirbelsäule steigt.

-

Zweige wachsen ... aus der Krone deines Kopfes ... fühle ... wie

110

der Energiestrom durch die Zweige flutet . . . und . . . sich anfühlt
. . . wie der Puls des Lebens.

●

Spüre . . . wie daraus ein Kreislauf wird . . . erfühle . . . wie dies eine Energiequelle in dir erzeugt . . .

●

Nun sei wieder Mensch . . . und bitte . . . umarme deinen Baum.

Der Sorgenbaum

Und nun . . . bitte fühle dich auf eine andere Art . . . und . . . Weise in deinen Baum hinein . . . stelle dir wiederum vor . . . dein ganzer Körper . . . deine Seele . . . und . . . dein Geist . . . .alles das . . . was dich ausmacht . . . ist ein

● **Baum.**

Stelle dir vor . . . an dir hängen deine ganzen Sorgen . . . verpackt in große . . . und . . . in kleine Bündel . . . du spürst sie an deinen Ästen hängen . . . Sorge für Sorge . . . fühle in dich hinein . . . wie viele Bündel in dir sind . . .

●

wenn du möchtest . . . schaue in jedem Bündel nach . . . welche Art von Sorge . . . welche Angst . . . .wohl in ihm verborgen ist.

●

und . . . hast du alle aufgeschnürt . . . und . . . angeschaut . . . .dann stelle dir nun vor . . . ein starker Wind kommt auf . . . der in dei-

nen Ästen ... und ... im Laubwerk braust ... .und ... mit einem
jähen Windstoß die Sorgenbündel von deinen Ästen reißt ...

●

wie fühlst du dich an ... wenn die Sorgenbündel abgefallen sind
... du siehst ... der Wind am Boden ... spielt mit ihnen ... er
treibt sie vor sich her ... bis sie entschwunden sind ... und ...
du kein Gefühl mehr für sie hast ...

●

Nun werde wieder Mensch ... und ... hänge ein großes Bündel
... angefüllt mit Zuversicht ... in deinen Baum ... und ... ein
zweites Mal ... umarme ihn.

Der Lebensbaum

Stelle dir vor ...

dein ganzer Körper ... deine Seele ... und ... dein Geist ... alles
das ... was dich ausmacht ... wird zu einem

● **Lebensbaum.**

An deinen starken Zweigen können nunmehr andere Bündel
hängen ... nur das Bündel Zuversicht ... kannst du an einem Ast
noch spüren ...

●

und ... wenn du eines dieser neuen Bündel löst ... und ...
schaust. hinein ... laß dich bitte sehen ... ein Symbol ... das für
eine gute Idee ... für einen neuen Gedanken ... stehen kann ...

ganz gleich . . . was dir auch einfällt . . . es ist dein gutes Recht . . .
und . . . nimm . . . mit Astarmen . . . den Inhalt aus dem Bündel
. . . .und . . . eine Haltung ein . . . aus der du ihn gut betrachten . . .
ihn drehen . . . wenden kannst . . . und . . . deine Phantasie es dir
gestattet . . . sich vor dir zu bewegen . . . .

●

wenn du meinst . . . für dieses Mal ist es genug . . . dann schnüre
alles wieder in das Bündel . . . damit es in dir weiter wachsen
kann . . .

●

und nun . . . .nimm ein neues Bündel . . . aus einem anderen starken Zweig von dir . . . .und . . . schnüre auch dieses Bündel auf . . .
betrachte seinen Inhalt gut . . . dieses Mal soll das . . . was in
deinem Bündel ruht . . . ein Symbol sein . . . für Veränderung in
deinem Leben . . . für etwas . . . das du dir schon lange vorge-
nommen hast . . . das sich jedoch bislang . . . nicht recht erfüllen
wollte . . . nimm auch dies Symbol in deine Arme . . . laß es vom
Wind ganz leise . . . hin . . . und . . . her.. bewegen . . . so . . . daß
verschiedene Seiten offen liegen . . .

●

schon ist es an der Zeit . . . auch dieses Bündel einzupacken . . .
und . . . wieder in den Baum zu hängen . . . achte auch darauf . . .
daß genügend Raum bleibt . . . damit es größer werden kann . . .

●

und nun . . . schnüre noch als letztes . . . ein drittes Bündel auf . . .
.schaue es an . . . und . . . laß dich ein Baby sehen . . . das gerade
erst geboren wurde . . .

●

es lacht dich fröhlich an . . . .löse es nun aus dem Bündel . . .
nimm es in deine Arme . . . und . . . wenn du spürst . . . der Wind
frischt etwas auf . . . schaukel es ein wenig . . . in deinen Ästen
. . . und . . . achte auch darauf . . . wie du dich dabei fühlst . . . wenn
du dich in Armen hältst . . . du weißt . . . so bist auch du geschaukelt worden . . . als du klein warst . . . um . . . auf diese Art
. . . etwas einzusammeln . . . in diesem feinen leisen Schaukeln
. . . die die Windbewegung mit dir macht . . .

●

und nun . . . lege das Baby wieder sorgsam in sein Bündel . . . hänge es am besten an den stärksten deiner Äste . . . damit es dort . . .
in aller Ruhe . . . ganz lebendig . . . weiterwachsen kann . . .

●

nun sei wieder Mensch . . . möchtest du ein drittes Mal . . . deinen Baum umarmen?

Berg

Als Erde und Weltall verbindende Achse berührt der Berg den
Himmel. Auf diese Weise steht er symbolisch in der Mitte der
Welt und wird zum Weltenberg und damit in Beziehung zur Sonne gesetzt. Doch auch mit dem Tod werden Berge in Verbindung
gebracht, denn sie galten früher als Sitz der Ahnen.

Berggipfel sind heilige Orte, an denen die himmlischen Kräfte
des Blitzes am ehesten die Erde treffen. Damit wird vor allem der
Gipfel zum Mittelpunkt von Erde und Kosmos, zu dem am besten geeigneten Kommunikationspunkt zwischen Mensch und
Göttlichem, die Vereinigung von Himmel und Erde.

Wer einen Berggipfel erklommen hat, fühlt sich von irdischer
Last befreit wie ein Vogel, auf einer Bergspitze ist der Mensch
dem Himmel sehr nahe. Die Welt liegt ihm auf atemberaubende
Weise zu Füßen.

Im westlichen Kulturkreis gilt der Berg deshalb (spätestens seit der Romantik) als Symbol für die Gipfelerfahrung, für den Lohn nach einem mühevollen Aufstieg. So wird der Berg zu einer Metapher für das Leben an sich, für die Gefahren, die er birgt, aber auch für den Lohn, wenn man schwierige Phasen überstanden oder Lebensprüfungen gemeistert hat und auf einer neuen Ebene angekommen ist.

Vor allem die geformten Bergmassive wurden im Lauf der Zeit zu Mythen oder heiligen Symbolen.

Im Gegensatz zu Europa verspüren Asiaten kaum Ehrgeiz, hoch aufragende Gipfel sportlich zu bezwingen. Über die Naturgewalten einen Sieg erringen zu wollen, ist ein typisch westliches Bedürfnis. Für die Völker des Himalaya sind Berggipfel der Sitz der Götter und die Heimat mythischer Wesen wie etwa des Schneeleoparden oder des Yeti. In dieser göttlichen Sphäre haben Menschen nichts zu suchen. Das Göttlich-Heilige des Berges ist in diesen Kulturen das entscheidende Aspekt.

In der schamanisch geprägten Tradition der Himalayaländer wie Tibet oder Nepal ist ein hoher, regelmäßig geformter Berg Symbol der Weltachse. In der indischen Weltentstehungsgeschichte bildet der mythische Berg Meru den Mittelpunkt der Welt.

In China verkörpern Berge in ihrer Massivität den festen Bestand des Kosmos. Auf Berggipfeln nehmen die Dinge ihren Anfang. Hier werden Wolken und Regen erzeugt, und hier haben Berggötter und Geister ihren Sitz.

Für den Berg gilt in diesem Zusammenhang: Eine Niveauerhebung ist gleichzeitig eine Bewußtseinserhebung. Beim Berg strebt der Boden dem Himmel zu. Diesen kosmisch himmlischen Symbolwert trägt der Berg oft in sich, z. B. mythologisch die Weltenberge: Olymp, Horeb, Meru, Fujijama.

Besonders vielfältig sind die Beschreibungen des Berges als Zentrum der Welt bei den asiatischen Völkern. Die Tataren stellten sich vor, daß ihre Götter in der Mitte des Himmels auf einem goldenen Berg sitzen.

Die nächste Phantasiereise lautet „Der Weltenberg". Wer schon einmal eine Bergwanderung gemacht hat oder einen Gipfel bestiegen hat, weiß, wie mühsam und strapaziös dies sein kann, aber auch wie befriedigend und beglückend, wenn man den Gipfel erreicht hat. Alle Anstrengungen sind rasch vergessen, der Rundblick hinab ins Tal entschädigt für alles. Stille, Weite, Einsamkeit herrschen hier vor. Die Relationen verschieben sich. Was unten im Tal so wichtig schien, verliert hier oben an Bedeutung. Eine Ahnung von Unendlichkeit überkommt uns.

Der Weltenberg

Stelle dir vor . . .

du bist auf einer Wanderung . . . im Gebirge . . . und . . . wenn du angekommen bist . . . vor einem großen Berg . . . es ist schon Abend . . . lege bitte eine Ruhepause ein . . . baue dein Zelt auf . . . sammle Reisig . . . und . . . zünde . . . in aller Ruhe . . . ein Lagerfeuer an . . . du nimmst Lebensmittel aus dem Rucksack . . . holst ein Getränk heraus . . . und . . . kochst dir etwas auf dem Feuer . . . und . . . wenn du ißt . . . und . . . trinkst . . . schaue bitte auf den Berg . . . der im warmen Licht der Abendsonne vor dir liegt.

● **Wie schaut der Berg dich an ?**

Und . . . wenn du . . . für jetzt . . . genug gegessen . . . und . . . getrunken hast . . . dann genieße . . . den Untergang der Sonne . . . der hier ein ganz besonderer ist . . . ein Flammenmeer am Himmel.

●

Nimm deinen Schlafsack . . . trage ihn ins Zelt . . . und . . . wickle dich in ihn hinein . . . so . . . daß es warm . . . und . . . ganz gemütlich ist . . . du weißt . . . mittlerweile ist es Nacht geworden . . . der Schlaf . . . er hat dich noch mehr eingehüllt . . . so . . . daß dein Körper weiter ruht . . . die Seele . . . und . . . dein Geist . . . sich jedoch auf Wanderschaft begeben können . . . stehe bitte

auf . . . und . . . öffne nun das Zelt . . . und . . . trete ein in helles
Morgenlicht . . . ein neuer Tag hat angefangen . . .

●

mit frischem Mut gehst du ihn an . . . und nun . . . den Berg hin-
auf . . . das Gehen . . . es fällt einfach leichter . . . wenn man ein
klares Ziel vor Augen hat . . . und . . . es schon vor sich sehen kann
. . . und . . . da im Traum . . . uns Menschen vieles leichter fällt . . .
so kommst du gut voran . . . auf deinem Weg nach oben . . . spüre . . . wie sich die Landschaft . . . mit jedem Schritt . . . den deine Füße tun . . . verändert . . . .schon kannst du den Gipfel ahnen
. . . noch ein paar Meter . . . und . . . du hast den Berg erklommen
. . . so sieht die Welt von oben aus . . . von hier aus kannst du nach
unten . . . oben . . . und . . . nach allen Seiten schauen . . .

●

und . . . natürlich kannst du im Schlaf . . . auch nach innen
schauen . . . wie fühlst du dich hier oben an . . .

●

und nun . . . kannst du im Traum auch noch die letzte Stufe
gehen . . . und dir sagen . . .

● **Ich bin der Berg . . .**

und . . . dich so fühlen . . . als wäre er ein Mensch . . . und du . . .
der Berg . . . aus dieser Sicht kannst du die Erde spüren . . . auf der
du stehst . . . die Höhlen . . . und . . . die Schätze ahnen . . . die in
dir verborgen sind . . . .die Wasserströme . . . die unablässig in dir
fließen . . . den Wind vernehmen . . . der zu manchen Zeiten . . .
auf deinem Gipfel wütend stürmt . . . die heiße Sommersonne . . .
die Stein . . . und . . . Erde glühen läßt . . . die Kälte . . . die Schnee
. . . und . . . Eis gebiert . . . den Mondschein . . . der nachts auf deinem Haupte ruht . . . die Sterne . . . die so nah dir sind.

- **Du bist der Berg . . .**

fest . . . und . . . unerschütterlich . . . mitunter über Wolken ragend
. . . in sich gefestigt . . . reich an Geheimnissen . . . und . . . Schätzen . . . einfach majestätisch in seiner Form . . . und . . . Größe.

- **Der Berg bist du.**

Ein Vogel ruft . . . ein Wasserglucksen ist zu hören . . . du reibst
dir deine Augen . . . die Nacht ist schon vorbei . . . du erhebst dich
. . . und . . . öffnest nun dein Zelt . . . du reckst dich . . . und . . . du
streckst dich . . . und . . . schaust dabei nach oben . . . zu dem Gipfel . . . den du heute noch erwandern möchtest.

- **Wie schaut der Berg dich an?**

Wald

In den Wäldern fühlten sich die Menschen den Göttern schon
immer besonders nahe. Unsere Vorfahren bauten ihnen keine
Tempel oder Kirchen, sondern verehrten sie dort, wo sie ihre
Gegenwart besonders deutlich spürten: im Wald unter Bäumen.

„Wenn du einem Hain nahst, der mit alten, ungewöhnlich
hohen Bäumen bestanden ist, ruft das Geheimnis des Ortes, die
Bewunderung des in dem weiten Hain so dichten und ununter-
brochenen Schattens, in dir den Glauben an eine Gottheit
wach", schrieb der römische Philosoph *Seneca*.

Der heilige *Bernhatd von Clervaux* sagte. „Du wirst mehr in
den Wäldern finden als in den Büchern. Die Bäume und die Steine werden dich Dinge lehren, die dir kein Mensch sagen wird.
Unsere festverwurzelten Brüder sind still, doch nichts auf Erden
ist stumm, Sie haben uns viel zu lehren, wenn wir uns die Zeit
und die Ruhe nehmen."

Die enge Verbindung von Wald und Menschen drückt sich in
unzähligen Sagen und Märchen, Liedern und Gedichten, Mythen
und Bräuchen aus. Bäume des Waldes sind ein Symbol der Hoff-

nung, des Neubeginns, der Wiedergeburt und des ewigen Lebens.

In einem unbekannten Wald kann man sich jedoch auch verlaufen. Doch gerade die Suche nach einem verlorengeglaubten Weg mobilisiert oftmals Kräfte in uns, über die wir nicht zu verfügen glaubten, die aber ganz tief in uns schlummern. Tiefenpsychologisch gesehen ist der Wald das Symbol für die Landschaft unseres Unbewußten.

Die nächste Phantasieübung lautet:

Nebelwald

Stelle dir nun einen

- **Wald**

vor ... bitte gehe in den Wald hinein ... dieses Mal soll es ein Wald sein ... ganz aus deiner Phantasie ... ein Wald im Nebel ... es ist früh morgens ... die Bäume stehen schwarz ... und stumm ... der Nebel läßt sie schweigen ... und ... je weiter du gelangst ... hast du nicht das Gefühl verloren für die Richtung ... ist dein Weg auch wirklich recht so ... wenn du immer tiefer kommst ... und ... die Pfade ... die dich tragen ... sich mit jedem deiner Schritte ... die du tust ... ein wenig mehr nach unten führen ... so ... daß du bald spürst ... du hast dich verlaufen in diesem Nebelwald ... du fühlst dich hier verloren ... ein Wald ... der stetig dichter wird ... und ... ganz in deiner Nähe ... da sind drei Bäume ... drei Bäume ... deren Äste in sich verwoben sind ... Bäume ... die drei Stämme haben ... deren Kronen aber in sich ... verwoben ... und ... verworren sind ... und ... wenn du tiefer in dich schaust ... kann es nicht so sein ... daß du dich erinnern kannst an Zeiten ... und ... an Stationen deines Lebens ... wo auch du nicht weiter wußtest ... keinen Weg mehr fandest ... den Überblick verlorst ... und ... in dir verstrickt ... und ... ganz zerrissen warst ...

und ... wenn du weiter gehst ... so kommst du an eine Kreuzung
... da sind drei Wege ... du weißt nicht ... welchen du gehen
sollst ... denn einer sieht so wie der andere aus ... so ... daß du
kein Gefühl hast ... für den rechten Weg ... es kann ja auch der
falsche sein ... auch du wirst dich erinnern ... an deinen Lebensweg ... wo die Welt sich gabelte ... und ... dir Entscheidung
für mehr als eine Richtung abverlangte ... und ... so bist du
letztlich doch gegangen ... ob es der rechte Weg war ... wer weiß
das schon ... es gibt Momente ... da ist man ganz auf sich allein
gestellt ... und ... kann sich leicht verirren ... zumal ... wenn
Nebel ist ... und ... wenn du weiter gehst ... da sind drei Raben
... wenn sie dich sehen ... fliegen sie davon ... sie steigen in den
Himmel ... nach Süden ... Osten ... Westen ... sie finden sich
zurecht ... doch du bist auf dem Boden ... in diesem Nebelwald
... und ... hast den Überblick verloren ...

doch ... wenn du innehältst ... und ... nimmst den kleinen Ast
... der vor dir liegt ... und ... ritzt das Wort: Nebel in diesen Boden ... so erkennst du bald ....daß Nebel ... Leben heißt ... du
mußt es nur von rückwärts lesen ... denn liegt nicht unsere Zukunft stets im Nebel ... und nur ... wenn man nach rückwärts
schaut ... erkennt man erst ein Leben richtig ... und ... dich
nun auf einen Baum setzt ... der vor langen Jahren fiel ... und
... schließt nunmehr ... du kennst das schon ... nochmals deine Augen ... und stellst dir dann vor ... dein ganzer Körper ...
deine Seele ... und ... dein Geist ... alles das ... was dich ausmacht ... ist ein

● **Wald.**

Ein Wald aus Bäumen ... Sträuchern ... Tieren ... aus Erde ...
Pflanzen ... Blumen ... aus Quellen ... Bächen ... Seen ... aus
Pfaden ... Wegen ... Höhlen ... aus Geistern ... Feen ... und

... Elfen ... aus allem ... was den Wald ausmacht ... ein

- **Märchenwald.**

Die Nebel haben sich gelichtet ... du stehst auf einem Weg ... in welchem Alter fühlst du dich ... alles scheint zu dir zu sprechen ... die Natur ... die Bäume ... Tiere ... es ist dir so ... als wärst du endlich angekommen ... hier kann alles zum Geheimnis werden ... ich wünsche dir ... du wirst zum

- **Märchenwald.**

und ... suchst in dir ... nach neuen Wegen ... neuen Zielen ... nach Wünschen ... und ... Geheimnissen ... ein tief empfundenes Leben ... braucht Zauber ... und ... Verwunderung.

Insel

Seit jeher ist der bevorzugte Ort der Sehnsucht die Insel. In Verbindung mit exotischen Motiven wird sie zum Symbol der vielleicht glücklicheren, bestimmt jedoch interessanteren Traumwelt gleich hinter dem Horizont.

Nach *Bloch* setzt sich die in der Kindheit erlebte Freude am Rückzug in einen eng begrenzten Raum, der je nachdem zu Burg, Höhle oder irgendeinem anderen Ort der Phantasie werden kann, im späteren Leben fort: Die Verbindung von Enge und schönerer Fremde wird zum Wunschbild der Insel.

Die Insel ist ein „moderner" Ort der Kraft geworden. Jährlich fliegen Hunderttausende von Menschen unseres Kulturkreises zum Beispiel auf die Balearen oder die Kanarischen Inseln, um dort „aufzutanken".

Viele Menschen wünschen sich zuzeiten jedoch den Aufbruch auf eine einsame Insel, wo sie ihr Alleinsein, das Auf-sich-gestellt-Sein erproben möchten.

Auf ein solches Eiland entführt dich die Phantasiereise:

Stelle dir eine

- **Insel**

vor . . . eine von Menschen unentdeckte Landschaft . . . wartet noch
auf dich . . . diese Insel . . . mitten in einem weiten Meer liegt sie
. . . stelle sie dir vor . . . mit allen deinen Sinnen . . . sie ist allein für
dich erschaffen . . . .du brauchst sie nur noch in Besitz zu nehmen.

●

Wenn du nun weißt um deine Insel . . . und . . . für eine Weile auf
ihr leben magst . . . so richte sie doch ein . . . nach deinem Bilde
. . . was mußt du tun . . . was mußt du lassen . . . um dich hier so
richtig wohl zu fühlen . . .

●

und . . . wenn du länger auf ihr leben möchtest . . . schaue dir Veränderungen an . . . die Zeit . . . und . . . Welt auch mit deiner Insel machen . . . vielleicht hat Wind . . . und . . . Meer etwas von
der Küste weggefressen . . . vielleicht sind Sand . . . und . . . Land
dazugekommen . . . schaue . . . was sich umgestaltet hat . . .

●

und nun . . . stelle dir bitte vor . . . dein ganzer Körper . . . deine
Seele . . . und . . . dein Geist sind eine

- **Insel.**

Es kann die gleiche . . . oder . . . eine andere sein . . . laß es die tiefen Schichten deines Unbewußten mitentscheiden . . . und nun
. . . entdecke dich dabei . . . wenn du sie allein erforschst . . . wie

ist es mit deiner Einsamkeit bestellt . . . mit deiner Lust . . . Neues . . . Unbekanntes zu entdecken . . . soll es eine Brücke geben . . . zum Festland hin . . . oder . . . bist du hier . . . an diesem Ort . . . lieber ganz mit dir allein . . . was brauchst du für ein Leben . . . ist es genug . . . was hier vorhanden ist . . . oder . . . muß ein Postschiff dich versorgen . . . alles Fragen . . . die sich stellen . . . wenn man neue Schritte wagt . . . sich in Seelenlandschaft zu vertiefen . . .

•

und nun . . . komme zurück in diesen Raum . . . .und . . . bringe bitte etwas von der Insel mit . . . das geht am besten . . . wenn du von dir zurückläßt . . . .was du vielleicht . . . jetzt nicht mehr . . . so nötig hast . . . denn ist nicht der am reichsten . . . .der zum Leben wenig braucht . . .

•

du weißt . . . die Insel . . . sie kann weiter in dir ruhen . . . du kannst auf ihr verweilen . . . so oft . . . und . . . lange . . . du nur magst.

Von Menschen erschaffene Kraftorte

Garten

Der Garten ist der Ort, wo wir die Natur und uns in ihr wohl am schönsten erfahren können. Dort können wir den Zyklus der Jahreszeiten unmittelbar nachvollziehen und erleben. Immer begegnen wir dabei auch unserem eigenen Selbst.

Der Garten wird vielfach als „Lebensgarten" angesehen, als Symbol für das Säen, Bearbeiten und Ernten des Lebens.

Man muß jedoch die rechte Jahreszeit für Saat und Ernte wählen. Wasser und Sonne müssen in einem ausgewogenen Verhältnis dazukommen, damit die Saat auch gut gedeihen kann. Unkraut kann ihr Leben ebenfalls gefährden.

Überall, wo es Menschen gibt, gibt es Gärten. Jede Kultur hat ihre eigenen Gartenformen entwickelt. Sie verrät, wie der Mensch seine Stellung in der Natur sieht. Man denke etwa an die streng symmetrische Linienführung von Wegen und Pflanzungen in Frankreich, an die großzügigen Parkanlagen in italienischen Renaissancevillen oder an die japanischen Steingärten als Orte stiller Kontemplation. Am Beginn der christlich-jüdischen Tradition steht das Bild des Gottesgartens, der untrennbar mit der Schöpfung des Menschen verbunden ist. Inmitten der kargen und von der Sonnenglut ausgedörrten Wüstenlandschaft spielt von alters her der Garten im Leben der Orientalen eine große Rolle.

Häufig wohnten die Menschen selbst in den Gärten. Sie mußten den Garten bebauen und pflegen, die Bäume beschneiden, sie bewässern, die Früchte ernten und den Garten vor wilden Tieren und Dieben schützen. Der Name „Paradies", der aus dem altiranischen Kulturkreis stammt, bezeichnet ursprünglich einen von einem Wall umgebenen Baumpark. Durch diese Grenze, die einen überschaubaren Bezirk aus der formlosen, ungestalteten Weite der Welt ausgrenzt, entsteht der Garten. Im Inneren kunstvoll angelegt und nach außen gegen die Wildnis, die ihn umgibt und ständig in ihn einzubrechen droht, gesichert, wird der Garten zum Sinnbild der Kultur. Nicht nur Pflanzen und Tiere brauchen einen geschützten Raum, um wachsen zu können, sondern auch wir Menschen. In der Geborgenheit des Gartens gestalten wir unseren Lebensraum bewußt mit. Obwohl sich im Garten die Vorstellungen des Gärtners spiegeln, hat er eigene ökologische Kreisläufe, die nicht künstlich verändert werden dürfen, will man ihn nicht zerstören. Der Gärtner braucht Geduld, er muß wachsen lassen und zuschauen können, so daß sein Verhalten wieder vom Garten beeinflußt wird. Der Garten ist auf den Menschen und der Mensch auf den Garten bezogen und angewiesen. Immer ist er auch ein Spiegelbild des Menschen, der ihn anlegt, pflegt und weiterentwickelt. Für *Teresa von Avila* werden in ihrer Autobiographie Gärten vollends zu Bildern der inneren Welt, zu Seelenlandschaften. *Teresa* beschreibt die einzelnen Etappen des mystischen Weges in den Bildern des Gartens und seiner Bewässerung. „Am Anfang gleicht die Seele einem völlig verwilderten und ausgedörrten Landstrich. Alle Leidenschaften, Wünsche, Gefühle und Gedanken wie Haß, Geltungsstreben, Habsucht und Mißgunst oder Neid gehen in der Seele ein und aus. Sie überwuchern und ersticken psychische Qualitäten wie Wahrheitsliebe, Hilfsbereitschaft, Freigiebigkeit, Mut, den Sinn für Gerechtigkeit. Damit ein Mensch seelisch reifen kann, muß „Unkraut" entfernt werden und der Boden bewässert werden. Nicht nur der Leib, auch die Seele braucht Nahrung."

Die Phantasiereise „Lichtregen" führt dich in einen Garten, den du dir in deiner Phantasie selbst erschaffen, den du – ganz nach deiner Art – hegen und pflegen kannst. Stelle dir dabei deinen Garten als ein Symbol für dein Leben vor. Auch dein Leben kannst du als einen Garten verstehen, der genügend Sonne, Licht, Wasser und Pflege braucht, der von Regen und Trockenzeiten, Winterkälte und Hitze, Abschied, Trennung und Neuanfang weiß.

Lichtregen

Stelle dir einen

- **Garten**

vor . . . einen Garten . . . ganz aus deiner Phantasie . . . schaue dich um . . . wenn du in Kontakt gekommen bist . . . zu deinem Innenreich . . . und . . . bitte darum . . . daß es ein Frühling ist . . . dann . . . wenn die Natur sich in ihrem jungen Kleid dir zeigt . . . und bitte . . . prüfe . . . wo alles in der Ordnung ist . . . und . . . wo der Winter seine Spuren hinterließ . . . vielleicht umgeknickte Äste . . . hier . . . und . . . dort . . . viel Unkraut . . . und . . . trockene dunkle Stellen . . . jedenfalls . . . du ahnst . . . daß noch viel Mühe und Arbeit auf dich warten . . . willst du deinen Garten gut versorgen . . . und . . . zu voller Blüte treiben . . .

-

stelle dir vor . . . du bist der Gärtner deines Gartens . . . was mußt du alles machen . . . alles können . . . du mußt hacken . . . graben . . . gießen . . . beschneiden . . . was da wuchert . . . Hecken stutzen . . . faule Früchte . . . die auf der Erde liegen . . . entfernen . . . du mußt Sorge tragen für die Pflanzen . . . um sie zu schützen vor Wind . . . und . . . Kälte . . . du mußt den Boden lockern . . . wässern . . . säen . . . pflanzen . . . ich wünsche dir . . . du fängst gleich an damit . . . mit etwas . . . was am besten . . . sofort erledigt werden muß . . . was kann dies sein . . . und dann . . . bitte mache dich an die Arbeit in deinem Garten . . . damit ein Wachsen . . . und . . . Gedeihen seinen Einzug halten kann . . .

●

für dieses Mal soll es genug sein . . . wenn du für heute . . . mit deiner Arbeit fertig bist . . . ich wünsche dir . . . daß du dich drei Leinensäckchen finden läßt . . . vielleicht in einem Gartenhäuschen . . . oder . . . an einem anderen geheimen Ort . . . in deinem Garten . . . und . . . wenn du den ersten Beutel nimmst . . . dann wähle doch einen Platz in deinem Garten aus . . . wo viel Sonne auf den Boden scheint . . . und . . . es warm sein kann . . . und . . . streue Samen . . . einen

● **Samen voller Freude . . .**

in das Erdreich . . . und . . . füge klares Wasser zu . . . damit er auf fruchtbaren Boden fallen kann . . . auch ein zweiter Beutel enthält besonderen Samen . . . den du nun säen kannst . . . ein

● **Samen voller Liebe . . .**

den du . . . auf deine Weise . . . in den Boden legst . . . wo er dann weiter wachsen . . . und . . . sich auf seine Art entfalten kann . . . die Wärme deines Herzens kann ihm dabei helfen . . . und . . . als drittes in der Mitte zwischen beiden Beeten . . . die du anlegst . . . pflanze bitte einen kleinen Baum . . . den du als Sinnbild . . . für

● **Mut und Kraft . . .**

in dir tragen kannst . . . später soll er auch den Schatten spenden
. . . für die Beete . . . damit sie nicht vertrocknen . . . in einem heißen Sommer . . . . .und dann . . . wenn du fertig bist . . . schaue dir
bitte noch einmal an . . . was deiner Hände Arbeit wohl gelungen
ist . . . noch einmal alles aus einer anderen Perspektive an . . . indem du nun zurücktrittst . . . und so . . . ein gesamtes Bild vor Augen haben kannst . . .

●

und nun . . . stelle dir vor . . . dein ganzer Körper . . . deine Seele
. . . und . . . dein Geist . . . alles das . . . was dich ausmacht . . . sind
ein

● **Lebensgarten.**

und nun . . . gönne dir Zeit . . . und . . . Muße . . . und betrachte
. . . was da in dir zum Vorschein kommen . . . wachsen will . . .

●

und nun . . . schließe deine Augen noch einmal . . . damit du noch
tiefer gehen kannst . . . und . . . stelle dir vor . . . wie es aus einer
Wolke . . . die über deinen Garten zieht . . . beginnt zu regnen . . .
wie ein

● **Lichtregen . . .**

ein Regen aus Licht . . . auf deinen Lebensgarten fällt . . . jeder
Tropfen . . . den der Himmel schenkt . . . blitzt . . . und . . . blinkt
in allen Farben . . . fast wie kleine edle Steine . . . so . . . daß dein
Garten in vielen Farben glüht . . . ich wünsche dir . . . du kannst
dies Bild genießen . . .

●

und . . . wenn du möchtest . . . gehe doch von Zeit zu Zeit . . . immer wieder einmal in deinen Lebensgarten . . . schaue nach . . . und . . . prüfe . . . was noch fehlt . . . was noch zu tun ist . . . für dich . . . den Lebensgärtner . . . und . . . auch später noch im Herbst des Lebens . . . gib dir bitte Zeit . . . und . . . die Gelegenheit . . . oft an diesen Ort zu gehen . . . um nachzuschauen . . . was aus den Samen wohl geworden ist . . . .was wurde aus dem Samen der Freude . . .

●

dem Samen der Liebe . . . .

●

und . . . wie sieht der kleine Baum jetzt aus . . . der für Kraft . . . und . . . Mut in deinem Garten steht . . .

●

und . . . wenn es Blumen wurden . . . laß doch bitte einen Teil davon so stehen . . . wie sie wuchsen . . . und . . . trage einen anderen Teil mit dir . . . vielleicht kannst du aus diesen Blumen . . . mit Freude . . . und . . . viel Liebe . . . einen großen Strauß der Hoffnung binden.

Brunnen

In den Märchen und Mythen der ganzen Welt symbolisieren Brunnen den Urschoß des Lebendigen, wie er sich in unserer Sprache in Begriffen wie Lebensquelle und Jungbrunnen ausdrückt.

Das Symbol des Brunnens bleibt der Ausdruck eines vitalen Bedürfnisses. Politische Ereignisse können die Welt verändern, das Symbol des Brunnen bleibt unverändert seit den ältesten Zeiten bis in unsere Tage.

Obwohl wir heutzutage sicherlich nicht mehr an einen Jungbrunnen noch an ein Brunnenwasser glauben, das uns Allwissenheit schenkt, so galten Brunnen bis in die jüngere Menschheitsgeschichte als überaus wichtig. Seit man Trinkwasser durch Rohre nahezu überall hinleiten kann, ist die Bedeutung von Brunnen – zumindest in unseren Breiten – gesunken. Früher hatte jedes Dorf einen Brunnen. Brunnen waren dabei nicht nur Wasserquelle, sondern auch Kommunikationsort. Am Brunnen begegnete man sich und tauschte Informationen aus. Nach Feierabend erzählte man, sang und feierte. Das ist die Gemeinschaftskomponente des Brunnens. Eine andere Symbolik steht für die eigene Tiefe, aus der heraus ein Mensch sein Leben gestalten kann. Weiterhin ist das Symbol Brunnen ein Bild für die Begegnung mit Gott, der Lebensquelle.

Die Phantasiereise „Silberschlangen" führt dich zu drei verschiedenen Brunnen, die unterirdisch miteinander verbunden sind. Vielleicht kannst du hier unten, im Schoß der Erde, Verbindungen herstellen zu deinen „unterirdischen", dir nicht bewußten Fähigkeiten und Kräften.

Silberschlangen

Stelle dir nun einen

● **Brunnen**

vor . . . er soll auf einem Dorfplatz stehen . . . neben ihm ist eine Linde . . . und . . . wenn es Abend werden will . . . kommen Menschen aus den Häusern . . . und . . . setzen sich an seinen Rand . . . sie sprechen . . . spielen . . . singen . . . bei Festen wird hier musiziert . . . gelacht . . . und . . . auch getanzt . . . der Brunnen . . . und . . . die Linde sind der Mittelpunkt im Dorf . . . so war es seit alters her . . . .und . . . an manchen Orten in der Welt . . . ist es so geblieben . . . wenn dir dies Bild gefallen sollte . . . setze dich ein wenig auf den Brunnenrand . . . direkt unter der Linde . . . und . . .

schaue in deiner Phantasie den Menschen . . . die hier leben . . .
zu . . . vielleicht kannst du mitfeiern . . .

●

laß dich nun einen zweiten Brunnen sehen . . . einen Brunnen . . .
zu dem . . . Tag für Tag . . . die Menschen kommen . . . und . . . der
nach wie vor . . . der Lebensquell für Mensch . . . und . . . Tier ist
. . . er liegt in einem fernen Land . . . die Sonne steht dort hoch am
Himmel . . . gegen Mittag ist es heiß . . . die Frauen . . . die zum
Brunnen kommen . . . tragen Krüge mit sich . . . .und . . . füllen
sie mit frischem klaren Wasser . . . sie achten sehr darauf . . . daß
sie kein Naß verlieren . . . denn Wasser ist hier so kostbar . . . wie
pures Gold und Silber . . . auch hier ist viel Gesellschaft um den
Brunnen . . . die Menschen plaudern gern beim Wasser holen . . .
in einer kargen Landschaft ist dies ein buntes Bild . . . auch hier
kannst du gerne Anteil nehmen . . . vielleicht verweilen . . . und
. . . dem Wasser noch mehr an Bedeutung geben . . .

●

und nun . . . stelle dir einen dritten Brunnen vor . . . er steht in
deinem Lebensgarten . . . und . . . dieser Brunnen ist von ganz anderer Art . . . als die vorigen . . . die du sahst . . . diesen Brunnen
kannst du von innen schauen . . . wenn die Augen geschlossen
sind . . . so . . . wie jetzt . . . denn . . . eine Wendeltreppe führt nach
unten . . . du staunst nicht wenig . . . ihre Stufen sind aus purem
Licht . . . auf diese Art wird es . . . wenn du nach unten gehst . . . mit
jedem Schritt ein wenig heller . . . so . . . daß du . . . wenn du auf
seinem Grunde angekommen bist . . . viel klarer siehst als oben
. . . du bist in einem großen Felsenraum . . . unter deinem Garten.

●

Es ist so still . . . nur stetes Rauschen ist für dich zu hören . . .
irgendwo bei dir muß Wasser sein . . . denn je länger du hier unten bist . . . desto stärker ist es zu vernehmen . . . wenn du dich

umblickst . . . kannst du sehen . . . in der Mitte dieses Raumes ist eine runde Platte . . . aus poliertem Stein . . . und . . . wenn du sie beiseite schiebst . . . du brauchst dich gar nicht anzustrengen . . . sie öffnet sich fast von allein . . . erblickst du eine

- **Silberschlange.**

Tief im Körper der Erde . . . strömt hier eine Wasserader . . . mit vollem Schwall . . . und . . . Brausen fließt sie . . . von Menschen ungesehen . . . nur erahnt . . . zu vielen anderen unsichtbaren Orten . . . um sich irgendwann . . . und . . . irgendwo . . . mit vielen anderen Silberschlangen zu vereinen . . . du kannst . . . als Mensch . . . ihr weit verzweigtes Netz nicht wissen . . . doch du spürst . . . daß sie in einem dichten Netz . . . die Erdkruste durchströmt . . . die drei Brunnen sind durch sie verknüpft . . . verbunden . . . ihr Wasser kommt aus anderem Grund . . . die Quelle ist die gleiche . . . dieses Geheimnis birgt die runde Scheibe . . . wenn du sie beiseite schiebst . . . kann das Wasser wieder in den Brunnen steigen . . . wenn der nächste Regen fällt . . . laß den Schacht geöffnet . . . und . . . steige die Lichttreppe empor . . . wenn du wieder oben angekommen bist . . . setze dich noch ein wenig an den Brunnen . . . und . . . träume . . .

- **Ich bin der Brunnen.**

Du bist der Brunnen . . . wenn in deinem Garten . . . der Lichtregen vom Himmel fällt . . . und . . . dieses ganz besondere Wasser . . . in das Erdreich sickert . . . es wird zur Silberschlange werden . . . und . . . ganz natürlich . . . irgendwann . . . auch dich erreichen . . . stelle dir nur vor . . . wie du dich füllst . . . mit silberhellem Wasser . . . bald bist du voll Wasser . . . bis an deinen Rand . . . .aus dem ganzen Lande kommen Menschen . . . um dein Silberwasser zu verkosten . . . es schmeckt so . . . wie kein anderes je schmeckte . . . und . . . viele Menschen hörst du sagen . . . .wie jung es hält . . . und . . . so lebendig . . . und . . . andere meinen . . . es hilft auch Kranken . . . und . . . wirkt bei Schmerzen.

Gebäude der Kraft

Die im unserem Bewußtsein am deutlichsten verankerten „Gebäude der Kraft" sind sicherlich die sieben Weltwunder der Antike. Die Pyramiden von Gizeh, die Zeusstatue des Phidias, der Artemistempel, das Grabmal des Mausoleus, die hängenden Gärten von Babylon, der Koloß von Rhodos und der Leuchtturm von Pharos galten über die Jahrhunderte hinweg als Synonym für unerreichte Meisterwerke der Baukunst.

Zu bewundern sind in der Gegenwart allein noch die Pyramiden von Gizeh, die sich mittlerweile über ca. viertausend Jahre erhalten haben. Alle anderen oben genannten Bauwerke sind mittlerweile durch Naturereignisse oder durch Menschen zerstört worden, leben also nur noch in Mythen und Erzählungen weiter. Erst im Barock und in der Renaissance wurden die sieben Weltwunder allgemein als solche anerkannt. Immer wieder gewannen aber auch noch andere meisterliche Bauwerke wie beispielsweise die Stadtmauer von Babylon, das römische Kapitol, der Tempel Salomos oder die Hagia Sophia im heutigen Istanbul Kultstatus.

Für die Antike war der Raum unendlich. Um ihn herum wurde der mythische Raum (die Sphären des Himmels, die Region der Erde) gedacht.

Ein Bauwerk grenzt das Innere von der Außenwelt ab. Gebäude sind Teile des Raums. Sie öffnen oder verschließen und verändern ihn. Andererseits greift ein kultischer Bau über sich hinaus, korrespondiert mit dem Kosmos. So wurden die altmesopotamischen Stufenpyramiden als Stiege zum Himmel gedacht. Der Raum verkörpert auch die Leere, den absoluten Raum, jene Schichten der Persönlichkeit, in der es keine Gegensätze mehr gibt, die ohne Eigenschaften, ohne Individualität sind.

Doch zu Gebäuden können wir sehr wohl eine tiefe Beziehung aufbauen. Sie können drohend, kalt und abweisend wirken, aber auch Schutz, Geborgenheit und Großartigkeit vermitteln.

Im Mittelalter wurde der Mensch in Form eines Hauses abgebildet. Die einzelnen Räume stehen für die verschiedenen Stufen unserer Seele. Im Körper befindet sich das Unbewußte, im Dach das Bewußte. Jedes Zimmer hat ebenfalls eine spezielle Bedeutung. Das ganze Gebäude ist sozusagen der Mensch selbst. Die ersten Gebäude, die ich vorstellen möchte, sind Brücken.

Brücken

Sie verkörpern, sowohl in der Realität wie in der Phantasie, Gebäude des Übergang, Bauwerke, die Hindernisse überwinden. Sie stellen eine Verbindung zu zwei unterschiedlichen Bereichen dar. Ohne sie könnte der Wanderer irgendwann nicht mehr weiterkommen. Sie führen über Straßen, Schienenstränge, Gewässer oder Schluchten. Sie verbinden die eine mit der anderen Seite.

Im Sprachgebrauch finden wir unter anderem folgende Wortschöpfungen, die sich mit Brücken beschäftigen: „Brücken zueinander bauen, Eselsbrücken, die Brücken hinter uns abbrechen, goldene Brücken bauen".

Es werden Brücken der Freundschaft und Brücken der Verständigung zwischen Menschen und Völkern errichtet. Im Konfliktfall sind sie strategisch wichtig und werden vom Gegner zu zerstören versucht.

Brücken sind Symbole des Übergangs, der Vermittlung und der Verständigung. Sie stehen für Neues, Unbekanntes.

In schwierigen und unübersichtlichen Situationen unseres Lebens verheißen sie uns Hoffnung und Zuversicht, da wir durch sie ein Hindernis, eine Schwelle überschreiten können. Sie tragen uns und führen uns weiter. Unsere Phantasie wird uns nahezu unvermeidlich über Brücken gehen lassen, da sie in unserem Unterbewußtsein einen krisenhaften Knotenpunkt im Laufe unseres Lebensweges darstellen. Wir können durch sie die andere Seite gewinnen, aber auch innehalten und uns besinnen, wenn wir auf ihrem Scheitelpunkt stehen. Symbolisch betrachtet würde dies die Gegenwart verkörpern, woher wir gekommen sind, die Vergangenheit, und wohin wir gehen wollen, unsere Zukunft.

Wenn wir in der Brückenmitte nach unten schauen (und viele Menschen tun dies auch in ihrem realen Leben sehr häufig), prüfen wir dadurch indirekt, wie es in unserem Leben weitergehen soll, was uns fehlt, was wir noch erreichen, gewinnen, noch leben möchten. Ähnliches gilt auch für Paßstraßen, wo wir gerne halt machen, um uns das Panorama von seiner höchsten Stelle aus zu betrachten.

Du stimmst mir sicherlich zu, daß es sinnvoll sein kann, sein Leben hin und wieder aus der Rückschau zu betrachten. Genau so wichtig kann es sein, immer einmal wieder inne zuhalten und die eingeschlagene Richtung zu überprüfen. Damit hat man auch die eigene Zukunft im Visier.

In der nächsten Phantasiereise *„Die Glasbrücke"* kannst du über das „Tal deines Lebens" wandern. Auf einer Brücke hast du eine andere, nämlich bessere Perspektive als im Tal. Du kannst hier Abschnitte deines Lebens aus einer größeren Distanz überblicken und ihre Sinnhaftigkeit möglicherweise besser nachvollziehen.

In einem weiteren Schritt führt dich eine andere Brücke über einen Regenbogen. Auf diesem kannst du in deine Zukunft hinein tanzen.

Glasbrücke

Stelle dir vor ...

du stehst auf dem Gipfel eine Berges ... es herrscht hier oben eine klare Sicht ... und ... wenn du vor dich schaust ... so kannst du eine Brücke sehen ... eine Brücke ... aus reinem Glas ist sie ...

- **eine gläserne Brücke ...**

die sich über ein tiefes ... weites Tal spannt ... und ... sich bis zu dem nächsten Gipfel ... himmelweit erstreckt ... und nun ... setze bitte deinen Fuß auf diese Brücke ... und ... laß dich bitte spüren ... wie sie dich trägt ...

-

134

und . . . wenn du weiter gehst . . . so kannst du dich bitte sehen lassen . . . wie du nach unten schaust . . . und . . . auf dein

● **Tal des Lebens**

blickst . . . und . . . hier erkennen kannst . . . wie alles angefangen hat . . . und . . . du weißt . . . bist du erst . . . auf der anderen Seite angekommen . . . wirst du so alt sein . . . wie du heute bist . . . doch dazwischen liegt ein weites Tal . . . und . . . ein langer Weg für dich . . .

●

doch nun gehe bitte . . . Schritt . . . für . . . Schritt . . . und . . . schaue dabei nach unten . . . auch das Geländer . . . ist aus purem Glas . . . wie es dir erging . . . in deinem Lebenstal . . . wohin dein Weg dich unten führte . . . was dir glückte . . . was dich scheitern ließ . . . wer dir begegnete . . . wen du . . . wer dich verließ . . . alles dies laß dich hier oben sehen . . . und . . . erleben . . . und . . . dich so Brücken bauen . . . zu einem Leben . . . ganz nach deiner Art . . .

●

die Landschaft unter dir . . . sie ändert sich mit jedem Schritt . . . und . . . somit auch die Zeit . . . zuweilen magst du stehen bleiben . . . und . . . einen anderen Abschnitt dir betrachten . . . das Geländer wird dich halten . . . denn . . . auch dieses ist aus dickem weißem Glas . . . so kannst du innehalten . . . an diesem Ort . . . zu jeder Zeit . . . und . . . dein Lebenstal . . . still für dich betrachten . . .

●

und . . . bist du endlich angekommen auf dem anderen Gipfel . . . so setze sich dort bitte hin . . . und . . . schaue nicht zurück . . . sondern jetzt nach vorn . . . und . . . stelle dir ganz einfach vor . . .

dein ganzer Körper . . . deine Seele . . . und . . . dein Geist . . . alles
das . . . was dich ausmacht sind eine

- **Regenbogenbrücke . . .**

die sich spannt . . . über dein Lebenstal der Zukunft . . . natürlich
besteht auch sie aus allen sieben Farben . . . die ein Regenbogen
stets in sich vereint . . . ich wünsche dir . . . du kannst den Weg
nach drüben auf dir tanzen . . . wirbeln . . . singen . . . Lust . . . und
. . . Freude haben . . . Freundschaft schließen . . . mit Menschen
. . . Pflanzen . . . Tieren . . . mit der Natur . . . mit Glauben . . . Hoffen . . . Sehnen . . . Wünschen . . . mit deinem ganzen Wesen . . .
und . . . letztlich . . . einen tiefen Frieden finden.

Pyramiden

Pyramiden sind ebenfalls Ausdruck der Spiritualität. Sie sind
Grabberg und Weltenberg in einem.

Es ist sicherlich kein Zufall, daß wir zwar nahezu auf dem gesamten Erdball Pyramidenformen finden, daß aber die mit Abstand größten und vollkommensten unter ihnen in Ägypten zu
finden sind.

Wenn wir die Cheopspyramide als Beispiel nehmen, so ist sie
auch im Detail von einer solch unvorstellbaren Einzigartigkeit,
daß es nicht weiter verwundert, daß sich um dieses Gebäude die
abenteuerlichsten Geschichten und Mythen ranken. Es ist gut
möglich, daß alle Pyramidengeheimnisse vielleicht niemals vollständig gelöst werden können. Offensichtlich ist jedoch, daß die
Pyramiden seit Jahrtausenden als beständige Erinnerung an das
vergessene esoterische Wissen der Menschheit gelten. Dabei verkörpert die Pyramide unser ganzes Sein, die unbewußten schöpferischen Energien und Strebungen in uns. In der Basis kommt
unsere Körperlichkeit zum Ausdruck, die Seitenflächen versinnbildlichen das Streben der Materie nach oben. Die Spitze schließlich symbolisiert die harmonische Vereinigung des Weltlichen
mit dem höheren Bewußtsein.

Weiter oben habe ich schon dargestellt, wie sehr Farben auf unsere Psyche einwirken und sogar therapeutisch eingesetzt werden. Farben tragen zu einer Stimmungsänderung bei und können somit einen Heilungsprozeß unterstützen. Die alten Ägypter bauten zu diesem Zweck Farbtempel mit jeweils sieben Räumen, die jeweils in einer anderen Farbe gehalten waren. Je nachdem, welche Farbe der Kranke benötigte, wurde er in einen der Räume gebracht, um dort ein heilsames Farbbad zu nehmen. Einem Forscherteam soll es in mehrjähriger Arbeit gelungen sein, den Nachweis zu erbringen, daß im menschlichen Körper Leitungsbahnen für Licht existieren. Diese entsprechen – wie oben schon erwähnt – exakt dem Verlauf der Meridiane in der traditionellen chinesischen Medizin. Demnach könnte farbiges Licht tatsächlich in der Lage sein, Informationen im Körper aufzunehmen, weiter zu leiten und dadurch Disharmonien im Leib-Seele-Geschehen günstig zu beeinflussen.

Die Pyramidenform wirkt wie ein Diamant. Eine stark schwingende Energie fließt durch die obere Spitze hindurch und von da aus in ihre tieferen Ebenen hinab und letztlich in das Innere, in ihre Räume und Kammern hinein.

Edelsteine sind wohl das Vollkommenste, was die Natur dem Menschen geben kann. Sie faszinierten die Menschen zu allen Zeiten. In ihnen verschmilzt Licht mit Farbe zu einer Einheit. Im Herzen der Materie geboren, tragen Sie den Glanz des Kosmos in sich. Die Heilkunst mit Edelsteinen ist wohl so alt wie die Menschheit. Jedem Stein wird eine bestimmte Heilkraft nachgesagt. Berichte über die Verwendung von Edelsteinen zu Heilzwecken gibt es aus fast allen antiken Kulturen. Die ältesten stammen aus dem vierten Jahrtausend vor Christus und sind sumerischen Ursprungs. Auch die alten Babylonier und Assyrer kannten heilende Tinkturen aus Edelsteinen.

Demzufolge möchte ich dir in der nächsten Phantasiereise „Farbenpyramide" eine Begegnung mit einem Kraftort erleben lassen, wo die Farben und Schwingungen verschiedener Edelsteine für dich vielleicht zu einem beeindruckenden Erlebnis werden könnten.

Du brauchst nicht alle sieben Räume nacheinander aufzusuchen. Wähle einen oder mehrere Edelsteine und damit Farben aus, bei denen du spürst, daß ihre Wirkung einen positiven Einfluß auf dein körperliches Wohlbefinden und dein seelisches Gleichgewicht haben.

Frage dich doch bitte nach dem Erleben dieser Phantasiereise, ob Krankheit nicht auch die Bitte von Körper, Seele und Geist um mehr Selbstliebe bedeuten könnte?

Farbenpyramide

Stelle dir nun eine

- **Pyramide**

vor . . . zunächst von außen . . . dann von innen . . . diese Pyramide hat sieben Räume . . . sieben Kammern . . . und . . . jede Kammer . . . ist von einer anderen Farbe angefüllt . . . in jedem ihrer Räume befindet sich ein Auge Gottes . . . ein ganz besonderer Edelstein.

-

Gehe nun bitte in den ersten Raum . . . dies ist ein Raum mit rotem Licht . . . ein Rubin . . . auf weißem Samttuch . . . steht in seiner Mitte . . . an diesem Ort kannst du die Füße . . . und . . . die Beine lockern . . . jeder Muskel entspannt sich hier . . . wird leicht . . . und . . . locker . . . dieser Stein steht für Energie . . . für Mut . . . und . . . Tapferkeit . . . hier werden Herzen warm . . . und weich . . . er verströmt sein leuchtend rotes Licht . . . setze . . . oder . . . lege dich nun hin in diesem Raum . . . und . . . laß die Farbe Rot . . . deinen Körper überfluten . . . nimm seine Schwingungen . . . Kraft . . . und . . . Farbe auch in deinen Geist . . . und . . . deine Seele auf.

-

Wenn du möchtest . . . gehe in die nächste Kammer . . . .hier ist ein gelber Raum . . . ein Raum wie eine Sonne . . . ein gelber Edelstein . . . ein Pyrit steht hier . . . auf weißem Tuch . . . er sorgt . . . für Heiterkeit . . . und . . . Lebensfreude . . . wohl auch für Sinnlichkeit . . . der Raum wirkt freundlich . . . sanft . . . und . . . hell . . . du kannst in seinem Lichte baden . . . ähnlich wie im Lichtpalast . . . das Kinn . . . die Augen . . . die Mundpartie . . . der ganze Kopf wird leicht . . . und . . . locker . . . Geist . . . und . . . Seele . . . werden inspiriert . . . und . . . schöpferisch.

●

Laß dich als drittes . . . nun den grünen Raum betreten . . . ein leuchtender Smaragd . . . steht in der Mitte . . . auf weißem Samt gebettet . . . er vermittelt Harmonie und . . . Frieden . . . in Körper . . . Geist . . . und . . . Seele . . . er beruhigt . . . und . . . klärt widerstrebende Gedanken . . . du weißt . . . ein Grün . . . steht auch für Hoffnung . . . Wachstum . . . Leben . . . Grün regt unsere Phantasie an . . . versetzt uns in gute Schwingungen . . . weckt auch Lust auf Neues . . . laß dich einfach inspirieren . . . welche wunderbaren Kräfte . . . hier am Werke sind.

●

Der vierte Raum ist ganz in hellem Blau gehalten . . . ein Turmalin auf weißem Stoff . . . steht in seiner Mitte . . . .laß Schwingungen . . . und . . . Farbe auf dich wirken . . . das Blau wirkt aktivierend . . . belebend . . . freudig . . . es strahlt auch Lust am Leben aus . . . starke Energien kann ein frisches Blau besitzen .

●

Ein violetter Stein . . . ein Charoit . . . verströmt ein intensives Licht . . . Hier kannst du dich einfach fallen lassen . . . und . . . in tiefes Violett eintauchen . . . du läßt dich einfach inspirieren . . . von dieser tiefen Farbe . . . sie schenkt dir Geisteskraft . . . inneren Frieden . . . und . . . auch Tiefe.

Im nächsten Raum . . . steht ein großer weißer Diamant . . . auf rotem Tuch . . . .der Raum erstrahlt in reinem Glanz . . . die Schwingungen des Diamanten . . . pulsieren durch den Raum . . . du kannst sie besser spüren . . . setzt . . . oder . . . legst du dich wieder einmal hin . . . und . . . schließt noch einmal deine Augen . . . du kannst so besser in dir fühlen . . . wie dieses reine . . . klare Weiß . . . durch alle deine Poren dringt . . . und . . . dich mit Klarheit füllt.

Der letzte Raum ist deiner Lieblingsfarbe vorbehalten . . . du kannst ihm . . . mit deinen Atemzügen . . . die Farbe geben . . . die du willst . . . hier ist kein Edelstein . . . der Edelstein bist du . . . du kannst von innen her erstrahlen . . . damit auch hier . . . in diesem Raum . . . ein Ort der Kraft entstehen kann.

Kathedralen

Auch der Bau von Kathedralen wurde durch Naturerlebnisse inspiriert. Die Orgel wurde zum Wind, der durch den Wald streift. Die Säulen verkörperten Stein gewordene Bäume. Das Streulicht auf einer Lichtung findet sich in den Glasfenstern wieder. Auch die Geister des Waldes lassen sich an den Wänden und Decken allenthalben als gemalte Bilder entdecken.

Kirchen sind Gotteshäuser, Orte der Einkehr, der Stille, des Gebets, Orte von Verkündigung, von Feier und Musik. Sie sind die wichtigsten Häuser für die Gegenwart Gottes. Der Mensch kann sich hier nicht nur als Geschöpf Gottes fühlen, sondern sich hier – darüber hinaus – selber als Kirche, als Kathedrale erleben.

Solche „heiligen" Räume erzählen ihre Geschichten von Gott und den Bildern, die wir uns von ihm machen. Sie berichten von Glauben und Frömmigkeit, von Himmel und Erde.

Brennende Kerzen erhellen dabei das Kirchenschiff. Sie sind ein Symbol für die Liebe. Sie leuchten, verzehren sich, machen hell und wärmen. Die Kerze erinnert an Jesus Christus, das Licht der Welt. Durch das Kerzenlicht wird jedes Fest festlicher. Sehen wir nicht alle in einer Kerze ein Symbol für Friedfertigkeit, Hoffnung und Mahnung?

Vielleicht gelingt es dir, „*Glocken des Friedens*" in dir zu spüren, wenn du in deiner Phantasie vor einer brennenden Kerze innehältst, betest oder meditierst.

Glocken des Friedens

Stelle dir nun eine Kerze vor ... und ... einen Platz ... auf dem du sitzt ...

•

und nun ... wo du auch bist ... .schaue einfach in die Kerzenflamme ... vergißt du nicht alles andere um dich herum ... wenn du immer wieder in die Flamme schaust ... ist da nicht ein Leuchten ... darüber ein Feld der Energie ... ganz sanft wallend ... in sich ruhig ... doch hin ... und ... her gewendet ... von unsichtbarem Strömen ... unmerklich bröckelt Schwarzes in das Wachs ... das flüssig ist ... und ... immer wieder lädt die Kerze ein ... sich in ihrem Licht zu baden ... ganz so ... als wärest DU der tiefe Sinn für ihr geheimes Leuchten ... du weißt ... die erste Flamme muß von außen kommen ... um sie zu entzünden.

• **Mußt du nicht auch zuweilen von außen entzündet, befeuert und begeistert werden?**

Schaue ihre verschiedenen Schichten an ... ein nicht leuchtender Bereich ... der strahlende Kern ... und ... ein schwach leuchtender ... ganz heißer Außenmantel.

- **Hast du nicht auch verschiedene Schichten in dir, nicht auch heiß und kalt, Abstufungen, Licht und Schatten?**

Das Licht ist wohl das Glück der Kerze ... dieses sanfte gelbe Leuchten ... kann eine ganze Sonne im kleinen sein.

- **und was bringt dich zum Strahlen?**

Kannst du dich je satt sehen ... an ihrem stillen Glänzen ... doch ... wenn du deinen Atem in sie hauchst ... verstärkt sie rasch ihr Zittern ... fast scheint es so ... als klammere sie sich an ihren Stiel ... sie scheint sich wohl in Sicherheit zu bringen ... so klein wird sie auf einmal.

- **Und was bringt dich zum Zittern?**

Doch läßt du nur mit deinem Atem nach ... dann blüht sie wieder ... zu voller stolzer Schönheit auf ... ist wieder ganz die Ruhe selbst ... und ... macht dich still in deinem Inneren ... höre zu ... und ... lausche wie am ersten Tag ... als die Welt noch ungeboren vor dir lag ... und ... noch alles Klang war ... wie Musik ... von ferne zu dir strömt ... der Wohlklang einer Orgel ... und ... du weißt ... wenn du in die Kerzenflamme schaust ... immer wieder ... immer wieder ... immer wieder ... dann kann die Welt für einen Augenblick versinken ... so ... daß man nicht recht weiß ... wo man geblieben ist ... so daß ... Zeit ... und ... Raum die Ränder schwinden ... und ... ineinanderfließen ... wie in einem zarten Schleier webt die Zeit die Ewigkeit ... und ... wenn du weiter in dich schaust ... bist du in einer großen

- **Kathedrale ...**

der Orgelklang kommt näher ... Musik erfüllt den Raum ... du sieht noch viele Kerzen angezündet ... doch ... ohne Sinn leuchtet davon keine ... schaue dir die Kathedrale an ... wenn du aufstehst ... hallt dein Schritt beim Gehen ... du spürst ... du bist

allein an diesem Ort ... wenn du magst ... kannst du ruhig weiter gehen ... und ... dir das ganze Kirchenschiff erschließen ...
oder ... du kannst bitten ... oder ... beten ... und ... Zwiesprache mit dir halten ... du kannst in diesem Raum Zeiten auferstehen lassen ... es ist so vieles möglich in der Phantasie ...

●

und nun ... bitte ... setze dich wieder an den Platz ... dort ... wo
die Kerze brennt ... und ... schaue noch einmal in ihre Flamme
... so ruhig ... und ... so beharrlich ... schenkt sie dir ihr Licht
... du weißt ... sie schenkt dir dadurch auch ihr Sterben ... und
... wenn du in ihre Mitte schaust ... in ihren weißen Kern ...
verschwimmt das Bild ... versinkt ihr Bild ... im Schleier neuer
Bilder ... die sich nun ganz nach innen wenden ... wenn du dir
vorstellst ... dein ganzer Körper ... deine Seele ... und ... dein
Geist ... alles das ... was dich ausmacht ... sind eine

● **Kathedrale ...**

und ... laß von deinem hohen Turm aus

● **Friedensglocken**

in dir ... und ... nach außen läuten.

Labyrinthe

Der Irrgarten oder das Labyrinth ist vielleicht das komplexeste
aller Symbole, die der Mensch je verwendet hat. Das Labyrinth
kann zahllose Formen annehmen, läßt sich aber als solches unmittelbar erkennen. Bemerkenswert ist seine weite Verbreitung
über die ganze Welt und die Tatsache, daß man es vom frühen
Altertum bis in die heutige Zeit gekannt und verwendet hat.
    Die Geschichte des Labyrinths reicht zurück bis in die My-
thologie der antiken Welt. Der Sage zufolge soll Daidalos für den

kretischen König Minos eine verwirrend unübersichtliche Palastanlage gebaut haben. In deren Mitte, in einem Gewirr verschlungener Gänge, hauste der Minotauraus und verschlang seine menschlichen Opfer. Unterschiedliche Darstellungen dieses Labyrinths – in Quadrat- oder Kreuzform, in spiralartigen Windungen oder als turmartiges Gebäude – finden sich auf kretischen Münzen, auf Vasenbildern und Mosaiken.

Wo immer wir auch auf Labyrinthe stoßen, sind sie Symbole der Undurchdringlichkeit und des Gefangenenseins. So sollen Labyrinthe auch dazu gedient haben, böse Geister auf magische Weise in eine Falle zu locken.

Für Labyrinthe und Irrgärten gibt es zwei Grundformen: Die einwegige, bei der nur ein einziger Weg ohne Abzweigungen durch die Sackgassen hindurch führt (Labyrinthe), und die vielwegigen, wo es zahlreiche Wege gibt, die auch in Sackgassen enden können (Irrgärten).

Viele kennen aus Hecken konstruierte Labyrinthe. Sie lassen sich aber auch als Felsen bauen, sie können in den Rasen eingeschnitten sein, als Mosaikfußboden ausgelegt oder aus Draht, Ziegelsteinen oder Zementblöcken gebaut werden.

Jedenfalls ist ein Labyrinth ein Weg, welcher mit einem maximalem Umweg, mit vielen Wendepunkten zur Mitte führt. In seiner Unübersichtlichkeit und Komplexität führt das Labyrinth letztlich immer zum Ziel. Das unterscheidet es vom Irrgarten. Labyrinthe sind keine Irrgärten: In einem Labyrinth kann man sich nämlich nicht verlaufen. Vielmehr kann, wer sich aufmacht, den labyrinthischen Weg zu beschreiten, sich absolut sicher sein, das Ziel auch wirklich zu erreichen. Dennoch gibt es keinen Automatismus. Zum Ziel gelangt nur der, der selbst geht, immer wieder weitergeht, den Weg sucht, Wendepunkte akzeptiert und nicht verzagt. Zunächst scheint es einfach, die Mitte scheint nah. Sie wird mehrfach umrundet. Dann wird die Entfernung zur Mitte vermeintlich größer und droht aus dem Blick zu geraten. Dies läßt Zweifel aufkommen, wirklich auf dem richtigen Weg zu sein, wirklich jemals an das Ziel zu gelangen. Der Weg, die Ziele, letztlich alles kann dadurch ins Schwanken geraten.

Dabei treten Fragen auf:

- Warum gehe ich weiter?
- Was hilft mir dabei?
- Was beflügelt mich?
- Worauf vertraue ich?

Symbole werden für uns erst dann richtig lebendig, wenn wir ihnen konkret begegnen. Dann erschließen sie sich fast von selbst. Eigene Lebenserfahrungen und Hoffnungen können im Labyrinth erlebt und gedeutet werden. Im Labyrinth geht es immer darum, sich selbst auf dem Weg seines Ichs wahrzunehmen und zu reflektieren. Die Reflexion soll dahingehend weiterführen, daß es dem einzelnen gelingt, sich und seinen Weg zu akzeptieren, mit allen Schwierigkeiten, Hindernissen, Ungereimtheiten, die dieser sehr verschlungene Weg des Labyrinths verdeutlichen kann.

Ist die Mitte erreicht, muß das Labyrinth auf demselben Weg verlassen werden, der Weg beginnt von neuem. In der Mitte wurde aufgenommen oder zurückgelassen: Intensive Erfahrung, Abschied nehmen, aber auch Neuorientierung begleiten den Weg zurück.

Im ersten Kapitel habe ich bereits darauf hingewiesen, daß Echtheit und Autonomie gute Wege sind, um mehr Freude, Friedfertigkeit und Gelassenheit in sein Leben einzulassen.

Ich möchte dich nun bitten, diesen Weg ganz alleine zu gehen, diesen Weg, der immer ganz allein gegangen werden muß, den Weg durch dein Labyrinth des Lebens. Es ist ein *„Spiegellabyrinth"*. Wiederum ist es ein Weg in deine Mitte, eine Spiralbewegung, die ich dich bitte, gleich zu vollziehen, so wie am Anfang deiner Reise.

Doch nun ist es ein anderer Weg. Du hast zwischenzeitlich Erfahrungen gemacht: in diesem Buch und in deinem Leben. Du bist ein anderer geworden, auch wenn es dir zunächst kaum so erscheinen mag. Du weißt: Niemals steigst du ein zweites Mal in denselben Fluß, die Landschaft ändert sich mit jedem deiner

Schritte. Durch die Landschaft und das Gehen veränderst du dich mit. Jede Reise verwandelt uns, jede Veränderung hält uns Spiegel vor. Wer bist du? Was fehlt dir? Was willst du?

Im Auge des Orkans

Vor dir ist ein großer Spiegel . . . gehe einfach durch ihn hindurch . . . vielleicht spürst du einen feinen Widerstand . . . und . . . wenn du auf der anderen Seite bist . . . kommt du in einen Gang . . . und . . . in diesem Gang sind viele Spiegel . . . ein Labyrinth aus Spiegeln . . . ein

● **Spiegellabyrinth . . .**

Du kannst dich . . . in den Spiegeln . . . sehen lassen . . . Gesichter . . . jedesmal verzerrt . . . das bist nicht du . . . der dort erscheint . . . es sind nur Abbilder vieler Seiten . . . die Menschen zeigen . . . Schichten . . . Rollen . . . die du im Leben spielst . . . in einem Spiegel wirst du den Zauderer . . . den Verzagten sehen können . . . in einem anderen . . . mit Wagemut erscheinen . . . in einem nächsten blickst du voller Neid . . . und . . . Mißgunst . . . ein nächster zeigt dir auch Lügen deines Lebens . . . alle sind es Außenspiegel . . . die nach innen zeigen . . . Spiegel . . . die Angst . . . und . . . Furcht dir bildern . . . sind wohl auch dabei . . . dein Gesicht . . . die Haltung . . . verändert sich von Mal zu Mal . . . auch von Haß . . . und . . . Wut . . . künden manche Spiegelbilder . . .

●

. . . welche Rollen fülltest du in deinem Leben aus . . . du warst Kind . . . Liebhaber . . . Freund . . . oder Freundin . . . bist du auch Vater . . . Mutter . . . und . . . noch viele andere Lebensrollen . . . die du spielst . . . und . . . spieltest . . . wie im Film kommst du dir vor . . .

●

doch es sind nur Spiegel . . . auch deine guten Seiten sind für dich zu sehen . . . .das . . . wofür du anerkannt . . . geschätzt . . . und . . . auch geliebt wirst . . . und . . . auch die Menschen . . . denen du begegnet bist in deinem Leben . . . und . . . die jetzt mit dir zusammen sind . . . kannst du in Spiegeln sehen . . .

●

ein neuer Spiegel steht für Älter-Werden . . . mit jedem Schritt gelangst du ein Stück weiter . . . mit jedem Bild ein wenig mehr . . . und . . . mehr . . . in seine Mitte . . . in deine Innenwelt . . .

●

denn strebt nicht alles . . . zu seiner Mitte hin . . . kann man das Außen und das Innen denn wirklich unterscheiden . . . du spiegelst dich in Menschen . . . Menschen spiegeln sich in dir . . . auch dein Wesen . . . deine Seele kann sich spiegeln . . . ist sie nicht ein einzig großer Spiegel . . . du kannst sie gleich noch tiefer sehen . . . wenn du jetzt ankommst in seiner . . . deiner

● **Mitte . . .**

wo du dich bitte hinsetzt . . . mit gekreuzten Beinen auf den Boden . . . und dann . . . noch einmal die Augen schließt . . . du fühlst dich so ganz anders an . . . dein Körper wird zu Glas . . . du . . . ein Körper aus Glas . . . ein

● **Glaskörper . . .**

in der Mitte des Labyrinths . . . und . . . innen leer . . . und . . . völlig stumm . . . und . . . unbeweglich in den beiden Mitten . . . man kann ganz in dich sehen . . . du . . . versunken in dich selbst . . . in einem Körper aus purem Glas . . . und . . . nur das . . . was dich umgibt . . . sich ändern wird . . . du selbst bleibst ungerührt . . . zunächst fängt es ganz leise an . . . ein Sirren in der Luft . . . von ferne . . . um dich herum bewegt es sich . . . wird stärker . . . ein

Wind kommt auf . . . der gleich zum Sturm wird . . . du spürst ein Beben . . . du hörst ein Zischen . . . Brausen . . . die Welt um dich herum . . . gerät aus den Fugen.

- **In deiner Mitte ist es still.**

Der Wind wird zum Orkan . . . du hörst . . . wie äußere Spiegel bersten . . . du spürst . . . wie der Sturm . . . sie einfach fallen läßt . . . wie Steine eines Spiels . . . stürzen sie in sich zusammen . . . von außen . . . nach . . . innen . . . sie zerschellen . . . und . . . werden fortgeweht . . . einer nach dem anderen . . . ein anderer nach dem einen . . . bis schließlich nur noch da sein kann . . . ein Körper aus reinem Glas . . . durchsichtig bis zum Grund.

- **In deiner Mitte ist es still.**

Der Wind verstummt nun . . . in der Mitte . . . ist nur tiefe Ruhe . . . die Spiegel sind gefallen . . . am Boden . . . ihr Glas zerbrochen . . . du kannst dich nun von jedem sehen lassen . . . und . . . sitzt in deiner Haltung . . . aus purem Glas . . . auf einem Hügel . . . und . . . schaust von dort aus . . . in die Landschaft . . . auch dein Blick ist unverhüllt.

Teil VI:
Kreis und kosmisches Weltenrad

Der Kreis ist wohl das der Menschheit am längsten bekannte Symbol. In der Natur kommt er sehr häufig vor. Auch war der Kreis bei den Naturvölkern einer der urtypischen magischen Orte. Dem Kreis wurden große magische Kräfte zugesprochen, da er den in seiner Mitte befindlichen Menschen völlig umgab und ihn so vor Dämonen der Außenwelt schützte. Somit galt der Kreis als das Sinnbild für Vollkommenheit und war in der Antike der am besten geeignete Wohnsitz für Götter. Übertragen auf die geistigen Kräfte des Menschen symbolisiert der Kreis die sich vervollkommnende geistige Harmonie.

Der Kreis als geometrische Grundform ohne Anfang, Ende oder Richtungsbestimmung repräsentiert den Urbeginn, die Vollkommenheit, Ewigkeit und Grenzenlosigkeit. Er war die Grundform, die weltweit für sakrale Anlagen übernommen wurde.

Wo Menschen zusammen kommen, ist oft ein Kreis. In einer solchen Form können sie sich, ob sie nun sitzen oder stehen, am besten austauschen.

So universal diese Kreisformen auch verbreitet sind, so zahlreich, vielfältig und komplex sind die Bedeutungen, die ihnen zugeschrieben wurden und werden.

Auf unserem Erdball sind viele kreisförmige Steinsetzungen zu finden, zum Beispiel die berühmten Anlagen von Stonehenge und Avebury in England. Besonders die Externsteine – in Deutschland gelegen – zeugen von der auf den Himmel ausgerichteten Funktion dieser Kreise.

So ergaben detaillierte Untersuchungen solcher Plätze, daß sie in verblüffender Weise in den kosmologischen Zusammenhang des Weltalls eingebunden waren. Die Anlagen waren so konstruiert, daß sie als ungemein genaue astronomische Beobachtungsstationen von den Priestern und Oberhäuptern jener Zeit benutzt werden konnten.

Auch ist die Beziehung des Steines zur Vorstellung eines Weiterlebens nach dem Tod und vielleicht auch zur Idee eines ewigen Lebens der Menschen offenkundig. Er symbolisiert Geschlossenheit und Vollkommenheit, die Ganzheit unserer Person und unseres Lebens. Im weiteren Sinn kann dahinter auch die Harmonie der Natur, des Universums zum Ausdruck kommen. Manchmal zeigt uns der Kreis, daß wir uns in eingefahrenen Bahnen bewegen, aus unseren Sorgen und Problemen keinen Ausweg finden, zum unfruchtbaren Grübeln neigen. Schließlich kann der Kreis auch den Mutterschoß, also die Sehnsucht nach Geborgenheit versinnbildlichen.

Hildegard von Bingen erschien der Kosmos in einer ihrer Visionen in der Kreisgestalt eines Weltenrades. „Einen kreisenden Kreislauf hat dieses Firmament, als ein Gleichnis der Macht Gottes, die weder Anfang noch Ende hat, und niemand vermag zu erkennen, wo das kreisende Rad begänne, wo es ende. Gottes Thron ist seine Ewigkeit, in der er allein sitzt, und alle Lebewesen sind gleichsam Funken der Strahlung seines Glanzes, die ihm wie die Strahlen der Sonne entströmen."

In seiner kreisenden Dynamik ist das Weltenrad Sinnbild der Zeit, des Rhythmus der Jahreszeiten sowie des Lebensalters. Die Kreisbewegung, bei der das Ende immer wieder in den Anfang der Bewegung einmündet, schließt alle zeitlich begrenzten Prozesse in sich. Der rollende Ablauf der Zeit führt alles, was einmal begonnen hat, unerbittlich seinem Ende entgegen.

In einem nach *Hildegards* Visionen gezeichnetem Bild von *da Vinci* trägt die Gottheit, die alles Werden und Vergehen überragt, das Weltenrad in ihrer Brust. Der Kosmos, in dessen Mitte der Mensch steht, gleicht einem Organ Gottes. Das ist sein Leib. In seiner inneren Geschlossenheit weist das Rad auf den Schöpfer zurück, der es gebildet hat. Durch die innere Ordnung diese Bildes erlangt der Kosmos eine Stabilität, die der eines Rades gleicht. Sieht man den Kosmos als Bild eines riesigen Lebewesens, dann sind die beiden einzelnen Lebewesens keine Fremdkörper, sondern Unterarten von ihm. Auch der Mensch ist als eines dieser Lebewesen im Kosmos beheimatet.

Im Zentrum des Weltenrades steht mit erhobenem Kopf, mit

in Kreuzesform ausgespannten Armen und Beinen der Mensch. Die Erde mitten im Weltenrad ist die Heimat des Menschen. Dem Makrokosmos entspricht der Mensch als Mikrokosmos. Als kleine Welt konzentriert er alle Bezüge in sich wie in einem Brennpunkt. Er braucht die Erde, aus der er gemacht ist, das Wasser, das als Blut in seinen Adern fließt, die Luft, die er atmet und das Feuer, das durch die Seele des Organismus brennt.

In dem uranfänglichen Chaos entstanden mit den vier Elementen Feuer, Wasser, Luft und Erde die großen stofflichen Unterteilungen der Lebenswelt.

Dabei kommuniziert im Kosmos alles mit allem. Alles, was lebt, entspricht sich, ist durchflochten. Alles ist eins und alles ist verschieden. Im Leben gibt es eigentlich keine Trennung, sondern nur verschiedene Formen, weil eben alles von der gleichen schöpferischen Kraft angetrieben wird, weil alles aus der gleichen Quelle stammt, und so alles zusammen wieder eine Einheit bildet. Alles tauscht sich aus, spricht zu uns. Alles schwingt und flutet hin und her, hat seine Gezeiten. Alles steigt hoch und fällt wieder, alles bewegt sich rhythmisch und zyklisch. Austausch findet statt vom Ich zum Du, von dir zu mir, von außen nach innen, von innen nach außen, von unten nach oben.

Die letzte Phantasiereise dieses Buches, „*Weltenrad. In der Mitte*", möchte dich einstimmen auf ein Leben ganz nach deiner Art. Die Welt um dich herum: sie dreht sich. Du weißt: du drehst dich mit. Doch vielleicht kannst du nicht ohne weiteres einfach stehen bleiben und aussteigen. Zuviel hängt von dir ab. Doch du mußt dich auch nicht ewig vorwärts treiben lassen, bis du irgendwann den Überblick verlierst und, im wahrsten Sinne des Wortes, „durchdrehst." Es ist dein Leben, das einzige, was du wirklich besitzt. Du kannst dich ändern. Du mußt nicht alles mitmachen und durchstehen.

Vielleicht ist das Wort „muß" sogar der größte aller Energiefresser.

Letztlich geht es doch in unserem Leben immer darum, Kreise zu schließen. Vielleicht erinnerst du dich noch daran, wie du als Kind oder Jugendlicher flache Steine in ein stilles Wasser geworfen hast. Prallen sie in einem bestimmten Winkel auf die Wasseroberfläche, hüpfen sie in mehrfachen Sprüngen, bevor sie versinken. Fallen sie dagegen senkrecht in das Wasser, ziehen sie Kreise, die von innen nach außen verlaufen. Auch du ziehst Kreise, mit allem, was du denkst, durch alles, was du fühlst, vor allem aber durch alles das, was du tust oder läßt, und zwar von innen nach außen.

Ich stelle mir vor, daß eine unser wichtigsten Energiequellen darin besteht, allem, was wir tun und was mit uns geschieht, einen tiefen Sinn zu geben.

Weltenrad in der Mitte

Stelle dir vor . . .

du sitzt auf Erde . . . mit einem Baum im Rücken . . . in einem Kreis aus Steinen . . . .jeder Stein . . . ist wie ein Stück . . . aus deinem Leben . . . Vergangenheit ist Fels geworden . . . das Rad des Lebens steht hier still . . . wenn du nach oben schaust . . . so geht dein Blick hoch in den Himmel . . . der Wind zieht Wolken über dich hinweg . . . einer fernen Zukunft zu . . . vor dir ist eine Quelle . . . die Gegenwart verheißt . . .

●

ihr Wasser zieht Spiralen . . . sie netzt den Boden . . . und . . . versickert später . . . in den Öffnungen . . . und . . . Höhlen dieser Erde . . . du weißt schon . . . unterirdisch fließt sie weiter . . . wird zur Silberschlange . . . .wird zum Brunnen . . . bis sie dann irgendwann . . . zum Fluß . . . zum See . . . zum Meer wird . . .

●

du sitzt . . . in einer Haltung . . . wie damals schon im Labyrinth . . . doch nun . . . aus Fleisch . . . und . . . Blut . . . geschützt vom

152

Baum ... und ... von den Steinen ... und ... schließt nun ...
bitte noch einmal ... die Augen ...

●

und ... stellst dir vor ... das Rad ... ist ein Symbol für Welt ...
du weißt ... daß Räder eine Mitte brauchen ... um ganz in sich
selbst zu ruhen ... um nicht zur Seite auszubrechen ... sonst
kommt Unruhe in die Bewegung ... und ... du weißt auch ...
daß es mit jeder Drehung ... ein kleines Stückchen vorwärts geht
... doch ... auch nach hinten dreht es sich ... dann läuft es
rückwärts ... und ... noch eines muß man wissen ... jeder Teil
des Rades ... muß in Verbindung ... zu seiner Mitte stehen ...
sonst fällt es auseinander ... denn muß nicht alles ... was von
außen kommt ... sich auf sein Inneres beziehen ... das wäre dann
die Einheit ... wenn ein Jedes ... zueinander finden kann ...

●

und ... stelle dir nun vor ... wie es sich bewegt ... das Lebensrad ... wie es sich beginnt zu drehen ... unaufhörlich ... in
einer Kreisbewegung ... und ... schaue auf die Mitte ... dieses
Kreises ... und ... laß das Außen ... ganz in sich versinken ...
vergiß die Felgen ... und ... die Speichen ... bitte ziele deinen
Blick ganz auf die

● **Mitte.**

Und nun ... laß dein Rad noch schneller vorwärts laufen ... in
einer zielgerichteten Bewegung ... so ... daß du spürst ... so
kommt es gut voran ... die Richtung zeigt auf Hoffen hin ... der
Wind ist aufgefrischt ... er treibt dein Rad nach vorn ... zu neuen
Wünschen ... Aufgaben ... und ... Zielen ... auch dabei geht
dein Blick ganz auf die

● **Mitte.**

Der Glaube trägt dich . . . daß es immer weiter . . . immer vorwärts . . . immer weiter dreht . . . mehr streben . . . mehr sein . . .
mehr leisten . . . mehr müssen . . . mehr Schein . . . das Lebensrad
. . . es dreht sich . . . dreht sich . . . dreht sich . . . so läuft es immer weiter . . . bis du es endlich . . . aus dem Blick verlierst . . .

● **Bist du in deiner Mitte?**

Du kannst es rückwärts laufen lassen . . . es geht auch so . . . du
kommst an vielen Orten an . . . so warst du wohl . . . so lebtest du
. . . das Lebensrad holt alles ein . . . und . . . liest Geschichte auf.

● **Bist du in deiner Mitte?**

Die Welt um dich herum . . . sie dreht sich . . . alles dreht sich . . .
du weißt . . . du drehst dich mit . . . doch . . . in dieser steten Dreh-
bewegung . . . hebt sich nicht letztlich alles auf?

●

Halte ein . . . noch kannst du es . . . stoppe das Rad.

●

Sitze einfach schweigend da . . . dein Körper sitzt auf sicherem
Grund . . . die Sinne sind ganz weit geöffnet . . . Schwalben
ziehen am Horizont . . . .durch Wetterwolken blitzen Sonnen-
strahlen . . . Steine erwärmen sich im Licht . . . eine Quelle
rauscht im Blätterwald . . . Fliederduft umgibt dich . . . Berge spiegeln sich im stillen See . . . ich wünsche dir:

● **In deinem Lebensgarten beginnt ein Wachsen und ein Blühen.**

Du sitzt im Steinkreis . . . angelehnt an deinen Baum . . . von hier
aus . . . betrachte deinen Lebensgarten . . . wie ein Schatzfeld . . .

schreite ihn ab . . . in deiner Phantasie . . . und . . . sehe . . . höre
. . . fühle . . . wie am ersten Tag:

- **Die Rose erblüht. Lichtregen fällt herab.**
- **Was wird aus dem Samen der Freude und der Liebe?**
- **Was aus dem kleinen Baum?**

Und . . . stelle dir an diesem Ort noch einmal die Frage . . .

- **Wieviel Zeit bleibt mir für ein Leben ganz nach meiner Art?**

Um dich herum . . . ist es so still . . . alles findet seinen eigenen
Takt . . . und . . . braucht dabei nicht mal zu suchen . . . du weißt
. . . du bist verwandt mit allen Seelen . . . ein Teil des Ganzen . . .
und . . . doch ein Mensch . . . ganz nach deiner Art.

Ich wünsche dir:

- **Du selber wirst zum Ort der Kraft, aus dem du Energie er-
schließt.**

Literatur

Amman, A.N., (1978), Aktive Imagination. Darstellung einer Methode. Olten: Walter

Assagioli, R., (1989) Die Schulung des Willens. Methoden der Psychotherapie und der Selbsttherapie. Paderborn: Junfermann

Bencsik, A., (1999) Phantasiereisen zur Krankheits- und Schmerzbewältigung. 37 Anleitungen zur Erkundung innerer Räume. Stuttgart: Kreuz

Bencsik, A., (1999) Wellness kommt von innen. Heilung durch die Macht der Phantasie. Freiburg/Breisgau: Herder

Bencsik, A., (1999) Die Landschaft ändert sich mit jedem Schritt. Phantasiereisen zu neuen Lebensperspektiven. Düsseldorf: Walter

Bencsik, A., Hübner, W., (1999) Goldkind. Hinter dem Spiegel. (Audio CD). Düsseldorf und Zürich: Walter

Bencsik, A., (1995) Imaginative Verfahren, in: Schorr, A., (Hrsg.) Handwörterbuch der Angewandten Psychologie. Bonn: Deutscher Psychologen Verlag

Bloch, E., (1985) Experimentum mundi. Frankfurt/Main: Suhrkamp

Braem, H., (1995) Magische Riten und Kulte. Das dunkle Europa. Stuttgart und Wien: Thienemanns.

Brönnle, S.(1994) Landschaften der Seele. Von kosmischen Orten, heiligen Stätten und uralten Kulturen. München: Kösel

Dahlke,R., (1999) Entwicklungschancen. Zeiten des Umbruchs in der Krankheitslehre. München: Goldmann

Epstein, G., (1985) Wachtraum-Therapie. Der Traumprozeß als Imagination. Stuttgart: Klett-Cotta

Faraday, A., (1972) Die positive Kraft der Träume. Bern und München: Scherz

Ferrucci. P., (1986) Werde was du bist. Reinbek bei Hamburg: Rowohlt

Friebel, V., (1998) Die innere Weite erspüren. Zürich und Düsseldorf: Walter

Fromm,E., (1998) Haben oder Sein. München: Deutscher Taschenbuch Verlag

Gawain, S., (1989) Im Garten der Seele. München: Heyne

Giesen. T., (1999) Hiersein ist herrlich. Urlaub und Alltag. 366 Gedanken. Stuttgart: Radius

Giesen, T., (1999) Carpe diem. Pflücke den Tag,. Stuttgart: Radius

Heuermann, M., (1996) Geträumte Tänze – Getanzte Träume. Entspannung, Phantasiereisen, Bewegung und Tanz. Dortmund: Borgmann

Hirschi, G., (1998) Innere Kräfte entdecken und nutzen. Freiburg/Breisgau: Bauer

Hübner, W., Bencsik.A. (1996) Drei Schlüssel/Drei Farben, Audio Cassette, Münsterschwarzach: Vier Türme

Hübner, W., Bencsik,A., (1998) Phantasiereisen: Talisman. An der Quelle (Audio CD) Stuttgart: Kreuz

Hübner, W., Bencsik, A., (1999) Neue Trauerhilfe. Unter der Weide. Perlenkette. (Audio CD und Musiccassette) Eitorf/Sieg: Sattler

Jung, C. G., (1998) Über den Menschen. Im Körper verwurzelt, der Seele verpflichtet. Zürich und Düsseldorf: Walter

Kast, V., (1996) Sich wandeln und sich neu entdecken. Freiburg/Breisgau: Herder

Kast. V., 1989) Märchen als Therapie. München: Deutscher Taschenbuch Verlag

Kast, V., (1988) Imagination als Raum der Freiheit. Olten: Walter

Klessmann, E., Eibach, H., (1996) Traumpfade. Weg-Erfahrungen in der Imagination. Bern: Hans Huber

Klessmann E., Eibach, H., (1993) Wo die Seele wohnt. Hans Huber: Göttingen

Klessmann, E., Eibach, H., (1993) Wo die Seele wohnt. Das imaginäre Haus als Spiegel menschlicher Erfahrungen und Entwicklungen. Bern: Huber

Kornfield, J., Feldman, C., (1991) Geschichten, die der Seele gut tun. Freiburg/Breisgau: Herder

Krucker, W., (1993) Strukturbildende Psychothaerepie. Tiefen-psychologie und aktive Imagination. Hamburg: Springer

Kutschera.G., Harbauer,E.M., (1996) In Resonanz leben durch die Kraft deiner Quelle. Phantasiereisen im NLP. Paderborn: Jun-fermann

Lorenz, S., (1996) Imaginative Meditation – der Schlüssel zum Tor der Selbsterkenntnis. Berlin: Verlag für Wissenschaft und Bildung.

Maaß, E., & Ritschl, K., (1996) Phantasiereisen leicht gemacht. Die Macht der Phantasie. Paderborn: Junfermann

Maschwitz, G., & Maschwitz, R., (1996) Phantasiereisen zum Sinn des Lebens. München: Kösel

Merz, B., (1984) Orte der Kraft. Stätten höchster kosmo-terristri-scher Energie. Aaarau /Schweiz: AT

Montessori, M., (1997) Kinder sind anders. München: dtv

Pennick, N., (1992) Das Geheimnis der Labyrinthe. München: Goldmann

Rossbach. G., (1993) Visuelle Meditationen. Aitrach: Windpferd

Schmeer, G., (1990) Heilende Bäume. Baumbilder in der psycho-therapeutischen Praxis. München: J. Pfeiffer

Steiner, R., (1996) Allgemeines Menschenbild als Grundlage der Pädagogik: Rudolf Steiner Verlag

Ulmer-Janes, E., (1997) Magie ist keine Hexerei. Vom bewußten Umgang mit Energie. Wien: Ibera

Vopel, K.W., (1996) Phantasiereisen. Salzhausen: Iskopress

Zimmer, H., (1977) Abenteuer und Fahrten der Seele. Ein Schlüs-sel zu indogermanischen Mythen. München: Diederichs

Spaziergang durch Garten
Altes Tor - öffnen
Blumenbeete - Kieswege
Mauer um den Garten - Schutz
an Mauer   - rote Kletterrosen
    Beet   - orangefarbenes
                        Stiefmütterchen
    "   - gelber Ginster
Mitte des Gartens - Buche
                    Bank rund herum
Vergißmeinnicht
Flieder violett
weißer Flieder